林徽因传

你若安好 便是晴天

白落梅 作品

湖南文艺出版社
HUNAN LITERATURE AND ART PUBLISHING HOUSE

博集天卷
CS-BOOKY

这个雨季会在何时停歇，无从知晓。

但我知道，你若安好，便是晴天。

遇见林徽因

盛夏的江南，年年如旧，细雨迷蒙。微风翻开潮湿的书卷，墨香淡淡，恍若隔世的相逢。闲散无事，打理庭园的草木，煮藏于柜中的老茶，擦落在桌上的光阴。我亦不过是出入烟火的平凡众生中的一个，看似清净无争，实则有所求，有挂碍。

其实，我和她之间，只是隔了一道民国的往事如烟。她依旧停留在人间四月天，虽被世人爱慕，亦被误解，却始终做她清雅的白莲，不扰不惊，不生不灭。我则在平淡的现世，经受寻常的离合悲欢，生老病死。

五年，多么悠长的岁月，却亦只是刹那光景。那时的我，清贫简净，却值妙年锦时，素心如梅。那时的我，也有过美好的爱情，听雨打新荷，夜夜到天明，无有倦意。那时的我，没有名气，寄居在江南老宅，唯草木知心，旧物情长。

那段光阴，是轻舟已过万重山，再不复返。如今，我过上了安逸雅致的生活，每日喝茶听雨，不问世情，从容自若。只是华年不再，我被人辜负，又负了人。当年心事依旧，除了老去沧桑，一切无多改变。

这期间的时光，总有人询问莲荷的消息，打听《你若安好便是晴天》背后的故事，甚至找寻白落梅的下落。那个民国女子，亦因了这本书，被迫行走于今世。只是所有与她相关的言论，皆如天上云，水上萍，虚幻缥缈，不真实，无可依。

我与林徽因隔了时空沧海，本毫无瓜葛，偶然的相逢，竟结下如此深刻的缘分。一切皆为巧合，非她所愿，亦非我所求。只是听从世事安排，漫不经心，又顺意自然。隐藏于背后的故事，太过渺小轻微，不提也罢。

我总说，人不生情该多好，如此便无有纠缠，无有悲喜。素日里，只与山水花草做伴，心性淡然，日闲风静。只是，无情之人又如何写出有情之字，纵是对草木，亦要付诸真心。我对文字的喜爱，虽不算深沉，却是此生离不了的牵挂。

我本不慕名利场，不爱富贵乡，只想做一个没有志向、散淡无为的看花人，在草木深深的庭院，盛露煮茗，摘花簪头，不负似水流年。奈何因了这位民国女子，我有了今时际遇，得人喜爱，亦受人责备，蒙人赞赏，亦有人厌弃。今日种种荣辱得失，我皆感恩，视作多年孤影耕霞所得的果报。

我的人生，该是繁花满枝，然转身走过，也只是虚空一场。一如乱世浮生，她亦是佳人寂寥，虽惊艳四座，倾倒众生，也抵不过萎落成尘的宿命。所幸，她始终美丽，被封存在书卷里，不被岁月所伤，更不为世人修改结局。

作家席慕蓉说：我已亭亭不忧亦不惧。林徽因还是那朵莲，亭亭枝蔓，植于民国的城池，端然而立，风华绝代。有关她的情事，已被太多的人知晓。无论是徐志摩，还是梁思成，又或是金岳霖，都只是打她身边经过的路人，纵算有过漫长的交集，终没有谁陪她走到最后。

不要问她到底爱谁多一些，又或者，她到底是谁的白莲，花落何处，情归谁心。于我心里，她只是一位民国女子，纵有倾城之姿，到底柔软多情。她看似清醒明透，波澜不惊，又可知，其内心的山水，从来无人能懂。

我亦如是。数载漂泊如社燕，一生知己是梅花。但草木不言，你对之托付情深，所换取的，或许只是寡淡的收场。爱梅心事，以及遮掩于文字背后的情结，又有谁人可解？而你们来到江南，只为寻找梅花的痕迹，以及与我相关的气息，又是否寻到了些什么？

不过是途经烟柳画桥，迷失在一条悠长的雨巷中。恰如当年的我，与林徽因那场邂逅，好似要将她的一生都看遍，所知的，却是简单的片段。后来，每个人心中都有一个林徽因。你们同我一样，与她在文字里相逢，又在文字中相忘。

物转星移，山河不改，你还是你，我亦还是我。五年前，我曾预支了一段如莲时光，并许诺，有一日会加倍偿还。时光仍在，竟不知，我所欠下的债约偿还了多少。又或是，一生一世都还不清，那么，就这样相欠，我自心安理得。

江南的梅雨，宛若众生的执念，不肯歇止，又理所当然。不再询问谁，亦无须等候什么，穿过这场漫长的雨季，便是晴天。那时的你我，纵是山南水北，亦要相望相安。

白落梅
丙申年荷月　落梅山庄

终于明白，有些路，只能一个人走。

那些邀约好同行的人，一起相伴雨季，走过年华，但有一天终究会在某个渡口离散。

真正的平静，不是避开车马喧嚣，而是在心中修篱种菊。尽管如流往事，每一天都涛声依旧，只要我们消除执念，便可寂静安然。

几场梅雨，几卷荷风，江南已是烟水迷离。小院里湿润的青苔在雨中纯净生长。这个季节，许多人都在打听关于莲荷的消息，探寻茉莉在黄昏浮动的神秘幽香。不知多少人会记得有个女子，曾经走过人间四月天，又与莲开的夏季有过相濡以沫的约定。

一个人，一本书，一杯茶，一帘梦。有时候，寂寞是这样叫人心动，也只有此刻，世事才会如此波澜不惊。凉风吹起书页，这烟雨让尘封在书卷里的辞章和故事弥漫着潮湿的气息。独倚幽窗，看转角处的青石小巷，一柄久违的油纸伞，遮住了低过屋檐的光阴。

时光微凉，那一场远去的往事被春水浸泡、秋风吹拂，早已洗去铅华，清绝明净。以为历经人生匆匆聚散，尝过尘世种种烟火，应该承担岁月带给我们的沧桑。可流年分明安然无恙，而山石草木是这样毫发无伤。只是曾经许过地老天荒的城，在细雨中越发地清瘦单薄。青梅煎好的茶水，还是当年的味道，而我们等候的人，不会再来。

后来才知道，那一袭素色白衣的女子已化身为燕，去寻觅水乡旧巢。她走过的地方，有一树一树的花开，她呢喃的梁间，还留着余温犹存的梦。有人说，她是个冰洁的女子，所以无论人世如何变迁，她都有着美丽的容颜。有人说，她是个理智的女子，不管面临怎样的诱惑，最后都可以全身而退。

她叫林徽因，出生于杭州，是许多人梦中期待的白莲。她在雨雾之都伦敦，发生过一场空前绝后的康桥之恋。她爱过三个男子，爱得清醒，也爱得平静。徐志摩为她徜徉在康桥，深情地等待一场旧梦可以归来。梁思成与她携手走过千山万水，为完成使命而相约白头。金岳霖为她终身不娶，痴心不改地守候一世。可她懂得人生飘忽不定，要学会随遇而安。

所以，当爱情接踵而至时，她会做短暂的停留，又义无反顾地离开。看着她决绝的背影，又无比的优雅，那时候，仿佛连一声珍重都是多余。她让每一次转身都成隔世，又让每一次相逢都成永远。她总是那样洁净，任凭世事万象丛生，她的内心始终山明水秀、一清二白。

终于明白，有些路，只能一个人走。那些邀约好同行的人，一起相伴雨季，走过年华，但有一天终究会在某个渡口离散。红尘陌上，独自行走，绿萝拂过衣襟，青云打湿诺言。山和水可以两两相忘，日与月可以毫无瓜葛。那时候，只一个人的浮世清欢，一个人的细水长流。

　　真正的平静，不是避开车马喧嚣，而是在心中修篱种菊。尽管如流往事，每一天都涛声依旧，只要我们消除执念，便可寂静安然。愿每个人在纷呈世相中不会迷失荒径，可以端坐磐石上，醉倒落花前。

　　如果可以，请让我预支一段如莲的时光，哪怕将来某一天要加倍偿还。这个雨季会在何时停歇，无从知晓。但我知道，你若安好，便是晴天。

有时候，一份清淡，更能历久弥香；

一种无意，更让人魂牵梦萦；

一段简约，更可以维系一生。

目 录

Contents

等待一场姹紫嫣红的花事，是幸福；

在阳光下和喜欢的人一起筑梦，是幸福；

守着一段冷暖交织的光阴慢慢变老，亦是幸福。

・第一卷・

梦中期待的白莲

刹那缘起

她让徐志摩怀想了一生，让梁思成宠爱了一生，让金岳霖默默地记挂了一生，更让世间形色男子仰慕了一生。

每个人来到世上，都是匆匆过客，有些人与之邂逅，转身忘记，有些人与之擦肩，必然回首。所有的相遇和回眸都是缘分，当你爱上了某个背影，贪恋某个眼神，意味着你已心系一段情缘。只是缘深缘浅，任谁都无从把握，聚散无由，我们都要以平常心相待。

都说世相迷离，我们常常在如烟世海中丢失了自己，而凡尘缭绕的烟火又总是呛得你我不敢自由呼吸。千帆过尽，回首当年，那份纯净的梦想早已渐行渐远，如今岁月留下的，只是满目荒凉。当你孤独地行走在红尘陌上，是否会觉得，肩上的背囊被人间故事填满，而内心却更加地空落。此时，我们则需要依靠一些回忆来喂养寂寥，典当一些日子来滋润情怀。

众生纷繁，有人过得迷糊，有人活得清醒，但也只是一种存活于世间的姿态。无论你是帝王将相，还是贩夫走卒，是金枝玉叶，还是胭脂俗粉，无论我们被世俗烟火熏染多久，被浑浊的世态浸泡多深，心灵深处始终有一处最洁净的角落，永远如初时美好。

曾几何时，我们做了那最柔情的人，为一朵花低眉，为一片云驻足，为一滴雨感动。所以，我们会不由自主地爱上林徽因的《你是人间的四月天》，爱上莺歌燕舞的人间，爱上姹紫嫣红的春天，也爱上山温水软的江南。许多人对这个女子生了情，并认定她是梦中期待的白莲。无论岁月如何转变，她永远活在人间四月，有着不会老去的容颜。

世间许多女子都有过这份安静素然的优雅，也曾令人心动，有一种让人不敢轻触的美好。只是不知从何时开始，她们慢慢地学会了挥霍光阴，浸泡在红尘的染缸里，谁还能做到纯粹如一？都说只有百味皆尝，方不负这仅有的一次人生。我们应该把所有繁复的过程，都当作简单回归，把一切凡尘的荣辱，当作云烟过眼。

无论林徽因这一生爱过多少人，犯过多少错，又经历过多少起落沉浮，尝过几多人情世味，她永远都是一杯淡雅清茶，那素净的芬芳在每个人心中久久地萦绕，无法散去。这世上，不是只有烈酒才能醉人，不是只有热恋才会刻骨。有时候，一份清淡，更能历久弥香；一种无意，更让人魂牵梦萦；一段简约，更可以维系一生。

林徽因是温和的，她的性情不曾有太多的放纵，所以也不存在多少破碎。她没有张爱玲的凌厉，也没有陆小曼的决绝，亦没有三毛的放逐。她活得乐观而执着，坚定又清脆，所以她的生命不惊心亦不招摇，她不曾给别人带来粗粝的伤害，也不曾被他人所伤。她是那样柔婉又坚忍，诗意又真实。纷扰红尘中，多少人企盼有这样一位红颜知己，不需要浓烈相守，只求淡淡相依。

我们总是会被突如其来的缘分砸伤，把这些当作生活中不可缺少的主题。有些缘分只是南柯一梦，瞬间的消逝便成了萍踪过往。有些缘分却落地生根，扎进了你的生命，从此纠缠不清。一个本不信宿命的人，日子过得久了，被春去秋来、花开花谢的因果所感染，从此相信命定之说。人到了一定年岁，追求的只是平和与淡定，待到华丽转身，从前的时光已是回不去的浪漫。

我佩服那些敢于承担过去、心明如镜的纯良女子，仿佛山河变迁都与之毫无瓜葛。乱世凡尘，有谁可以在刀刃上行走而毫发无伤？谁可以深陷泥淖却做无瑕美玉？每一天都会有不可预测的意外发生，想要清雅淡泊地度过一生，真的太难。许多人都做了岁月的奴，匆匆地跟在时光背后，忘记自己当初想要追求的是什么，如今得到的又是什么。

究竟要以何种姿态行走于世间，才可以做到不被人忘记？一个男子爱一个女子，爱的是她青春的朝气，是她美丽的容颜，是她独有的聪慧。多少人会爱上岁月留在她脸上的印记，爱上她那颗被生活宰割得伤痕累累的心？林徽因似乎做到了，她让徐志摩怀想了一生，让梁思成宠爱了一生，让金岳霖默默地记挂了一生，更让世间形色男子仰慕了一生。

想起林徽因，总是在人间四月，春水煮茗，桃柳抽芽，有一种轻灵和鲜妍的美丽。也许每个人的初衷都只是一份简约的追求，或期待一场温润的春雨，或盼望一株茉莉花开，或等候一个远行的归人。我们在属于自己的那座城里筑梦，不求闻达于世，但终究还是希望可以留下些什么，仅仅为了被某个人偶然地记起。

有人说，林徽因被季节封存在四月天，窗外的柳絮做了萍客，梁间的燕子做了邻伴，梦中的白莲做了知己。也有人说，纯净的她其实比任何女子都懂得调配烟火，所以她不会轻易被往事所伤。许多寻找她的人都没找到答案，不知道是承受不起生命的重，还是承担不起生命的轻。又或许我们本就不够清淡，想在春天的书页里留下一笔墨绿，却被清风错翻了页码。

此时，院墙和栅栏的绿意还太浅，就像林徽因没有滋生皱纹的额头，明澈光洁。人的一生就如同草木，经历荣与枯、生与灭，看似稍纵即逝，实则无比艰难。总以为日子在打盹中度过，却不知有多少人想方设法地让自己捱过这一世。有时候，过程于我们只不过是修饰，在结局面前形同虚设。无论是真实的戏谑，还是虚幻的朴素，我们都无法自如地把握。

现实生活未必同想象中一样，在不尽人意的时候只需记住，人生从来就没有绝对的完美。锐利的岁月可以将一个骨肉丰盈的人削减到无比瘦瘠。曾经沐浴阳光的我们，从何时开始爱上了烟雨的迷蒙？曾经习惯了漂泊的你我，又从何时开始向往一种平实的安定？

那些遗失了快乐的人，是否可以在花开的时候重见欢颜？那些弄丢了青春的人，是否能在老去的那一天重寻记忆？假如你和我一样，担忧浮华的世态浇漓，害怕人情凉意，莫如沿着一首诗的韵脚，寻找一个叫林徽因的女子，随着她流淌的笔墨，走进人间四月天。

诗意江南有着黛瓦白墙，微风细雨。你无须涉水而行，只踱步在轻烟长巷，就可以邂逅一份纯净的美好。只是觅寻之前，请折一枝绿柳，插在老旧的白瓷瓶里。因为我相信，一个小小的瓷瓶可以装载整个春天，那个素净的女子可以许诺我们一段永远青翠的回忆。

梦中白莲

等待一场姹紫嫣红的花事，是幸福；在阳光下和喜欢的人一起筑梦，是幸福；守着一段冷暖交织的光阴慢慢变老，亦是幸福。

相信许多人对江南水乡都有一份难舍的情结。无论是身处江南的，还是不曾踏足过江南的，对江南的风物人情都有着近乎宿命般的眷念。时间久了，江南就成了许多人心中的一个梦，一个常常想起却又不敢碰触的梦。因为生怕这个梦会在有生之年无法成真，怕生命旅途走到尽头还不能得偿所愿。

每个人都无法选择自己的故乡，你是出生在花柳繁华的江南，还是长成于草木荒凉的塞北，早在前世就已注定。命运之神编排了我们的来处与归所，纵然那个被称作故乡的地方不是心中所爱，也不能改变其真实的存在。但我们可以选择迁徙，也可能被迫放逐，这一切亦早有定数。从来，我们都是人间匆匆过客，凡尘来往，你去我留，不过如此。

有人说，爱上一座城，是因为城中住着某个喜欢的人。其实不然，爱上一座城，也许是为城里的一道生动风景，为一段青梅往事，为一座熟悉老宅。或许，为的仅仅是这座城。就像爱上一个人，有时候不需要任何理由，没有前因，无关风月，只是爱了。

杭州，这座被世人赞誉为天堂的千年古城，是许多人魂梦所系之地。这里有闻名天下的西湖，有恍如梦境的烟雨小巷，有月上柳梢的深深庭院，更有难以言说的梦里情怀。无论你是出生于杭州，还是和西湖仅有一面之缘，都为可以与这座城有所相关而深感幸运。都说同一片蓝天下，有缘自会相逢，而同在一座城，是否真的可以魂灵相通？

林徽因有幸地，一百多年前，在那个莲开的季节，降生于杭州。这座诗意含蓄的城，因为她的到来从此更加风姿万种。一座原本就韵味天然的城，被秋月春风的情怀滋养，又被诗酒年华的故事填满。它真实美好地存在，无须设下陷阱，所有与之相遇的人都会不由自主地被其吸引，从此沉迷不醒。

像林徽因这样温柔而又聪慧的女子，她的一生必定是有因果的。所以祖籍原本在福建的她，会出生于杭州，喜爱白莲的她，会生于莲开的六月。这座繁华骄傲的古城，不会轻易为某个人低眉含笑，而林徽因却可以做那倾城绝代的女子。微雨西湖，莲花徐徐舒展绽放，多年后，这个叫林徽因的女子成了许多人梦中期待的那朵白莲。唯有她给得起杭州诗意闲淡的美丽，给得起西湖温润洁净的情怀。

林徽因出身官宦世家，其祖父林孝恂考中进士，历官浙江金华、孝丰等地，其父林长民毕业于日本早稻田大学，擅诗文，工书法，祖母游氏典雅高贵，是位端庄贤淑的美丽女子。林徽因沿袭了他们儒雅优秀的血统，所以此生拥有斐然才情与绝代容颜。也许这一切只是偶然不是必然，但林徽因注定会成为那个风云时代的倾城才女。

那个莲开的夏季，杭州陆官巷一如既往地古朴宁静。青石铺就的长巷，飘散着古城淡淡烟火，偶有行人悠闲走过，把恍惚的记忆遗落在时光里。这是一座闻着风都可以做梦的城，我们时常被一些细小的柔情与感动潜入心底，忘了自己其实也只是小城的过客，从哪里来还要回到哪里去。短短数十载的光阴，不过是跟岁月借了个躯壳。我始终相信，身体不过是装饰，唯有灵魂可以自由带走，不需要给任何人交代。

杭州陆官巷林宅，是一座古朴有灵性的深深庭院，带着温厚的江南底蕴。只是不知道黛瓦白墙下，有过几多冷暖交替的从前，老旧的木楼上，又有多少人看过几度雁南飞。无论你从何处来到这里，都会误以为这座老宅就是梦里的故园。时光仿佛还停留在昨天，却真的好遥远。百年沧桑，岁月变迁，多少人事早已面目全非，不曾更改的始终是老宅所留存的旧日情怀。

院内的苍柳又抽了新芽，梁间燕子筑的巢还在，木桌上老式花瓶已落满尘埃。一百多年前的某个夏日，这座宅院里传来一位女婴的啼哭声，一百多年后的今天，已没有人知道她去了哪里。她叫林徽因，从她降落人间的那一刻开始，就已经有了注定的人生故事等待她去演绎。或凡庸，或绚丽；或平淡，或起伏；或欢欣，或悲苦，这一切过程，在命册上早已写好。

　　相信命册吗？《红楼梦》中贾宝玉游太虚幻境，翻看了《金陵十二钗正册》和《金陵十二钗副册》。这册子里面写的判词就是金陵十二钗的命数，是她们人生结局的暗示。只是红颜多薄命，所以匾额上写就的是"薄命司"。那么多风华绝代的女子，花容月貌终究抵不过春恨秋悲的凋零。有些人在意过程是否华丽，无所谓结果，而有些人不在意过程有多辛苦，只图有个善终。

　　每个哭着来到世间的人，带给亲人的是无尽喜悦，每个微笑离开尘世的人，带给亲人的则是永远的悲痛。难道一个人自生下来，就真的有一本命册，如同生死簿那般醒目地搁在阴冥之境，而我们就必须按照书页里的内容，一字不漏地将其演完才能罢休？若是如此，就真的不必过于奔命，须知因果有定，得失随缘。

　　都说人生下来就是为了承担罪孽的，但对于一个新生命，每个人的内心都有着无法抑制的愉悦。然而，繁华世间又何尝不是一杯毒酒，你以为自己早已厌倦，其实却总想一醉贪欢。等待一场姹紫嫣红的花事，是幸福；在阳光下和喜欢的人一起筑梦，是幸福；守着一段冷暖交织的光阴慢慢变老，亦是幸福。

　　林徽因的出生无疑给林氏家族带来了莫大的喜悦，虽为女婴，可她粉雕玉琢的容颜让人一见欢喜。这个漂亮的女婴瞬间就给厚重的大宅院增添了灵气与欢颜。祖父林孝恂从《诗经·大雅·思齐》里采了"大姒嗣徽音，则百斯男"的句意，给女婴取了"徽音"这个美丽的名字。后来，为避免与当时一位男性作家林微音相混，便改名"徽因"。

也许正是因为这个名字，林徽因这一生被徐志摩、梁思成、金岳霖三大才子深爱。尤其是金岳霖，他温和又执着地爱了林徽因一生，终生未娶，他就这样为林徽因守候一生、寂寞一生，也缄默一生。试问，如此深刻的情感，又有几个男子担当得起？

我们无法从一个婴孩脸上读出任何故事，每个全新的生命都有着一尘不染的纯净，都是那么完美无瑕。一个人只有在出生和死去的时候是最干净的。刚刚出生的人，删除了所有前世的记忆，纯粹地来到人间。而一个行将死去的人，则是空手离去，带不走这凡世半点尘埃。

但是我始终相信，无论你多么纯然，冥冥中总会有所暗示。一滴水中，可以看到其深沉的含容；一朵花里，可以读懂其微妙的心事。所以，婴幼时的林徽因一定隐透出逼人的灵气与聪慧。或许他们都明白，这个小小女孩注定用诗意和美好的情怀，来完成降落人间的使命。

老宅光阴

每个人都是带着使命来到人间的。无论他多么平凡渺小，多么微不足道，总有一个角落会将他搁置，总有一个人需要他的存在。

　　如梦江南，永远像梦境一般落在每个人的心里。多少行色匆匆的旅人相逢在山水间，从这道杨柳依依的堤，摆渡至那道烟花纷飞的岸。那些因为来过这个多情之地的人，原本淡然超脱的心性，也开始有了牵挂，总是会情不自禁地爱上在烟雨小楼中品茗的闲情，爱上午后阳光下打盹的慵懒，爱上一朵花的欢颜、一剪流光的浪漫。

　　我们应当相信，每个人都是带着使命来到人间的。无论他多么平凡渺小，多么微不足道，总有一个角落将他搁置，总有一个人需要他的存在。有些人在属于自己的狭小世界里，守着简单的安稳与幸福，不惊不扰地过一生。有些人在纷扰的世俗中，以华丽的姿态尽情地演绎一场场悲喜人生。

尽管我们都是带着各自的使命来到人间，但彼此都只是过客，没有谁会为谁永远停留。到最后，都是尘归尘，土归土，过往的恩宠皆已吹作浮云。年轻的时候，不管不顾地挥霍今生，待到老时，则希望可以透支来世。起伏跌宕的一生，回眸只是过眼云烟，不是自己太执着过往，而是红尘千变万化，我们必须以踉跄的姿态，在熙攘的市井探寻一种适合自己的生活方式。

看过一张林徽因三岁的照片，一个小小女孩站在深深庭院里，背倚着一张老式藤椅，清澈的眼睛看着前方。这座庭院藏有百年故事，藤椅也不知道历经多少流年，唯这小小女孩尚不知人事，不知道那遥远的远方会有怎样的际遇将其等待。我总觉得，一个人的童年应该是清白的，不需要太多色彩，一笔一画简洁而美好，记住的也只是单纯的快乐。

然而，每个人自出生的那一刻起，就意味着远离纯净，开始漫步在红尘的烟火里。在茫茫世海里追逐，寻找所谓的归宿，其实人又何曾有真正的故乡，都只是暂将身寄，看几场春日芳菲，等几度新月变圆。停留是刹那，转身即天涯。

林徽因五岁之前都在杭州陆官巷度过，关于那段时光，我们已无从查找，而她亦没有丝毫记忆。其实每个人都会认为自己的童年是值得珍藏的，尽管有些人也曾历经辛酸，但是在模糊的记忆里，那些零散的碎片叠合在一起，始终会是美好。

林徽因五岁的时候，随祖父迁居至蔡官巷一座老宅院。虽然在这里只有短短三年光阴，却给这位才女留下永难磨灭的记忆。到了五岁，林徽因的大姑母林泽民成为她的启蒙老师。林泽民是清朝末年的大家闺秀，自小接受私塾教育，诗词歌赋、琴棋书画也算样样精通。正是这位娴静优雅、知书达礼的姑母教会了林徽因读书识字。

霞光掩映的晨晓，暮色低垂的黄昏，明月皎洁的夜晚，幼小的徽因手捧一册册线装书，读着书卷里的词句。也许她读不懂其间美好的意象，读不懂那诗意的情怀，读不懂冷暖的故事，但是她从此爱上了书，爱上了淡淡的墨香，爱上了锦词丽句，还有书卷里那一枝莲荷的淡雅清愁。

人的性情多为天生，有些人骨子里就是安静的，有些人血液里暗藏着躁动不安。所谓江山易改，禀性难移，就是如此。但后天的启蒙亦尤为重要，倘若将一个沉静的人放逐在喧嚣的市井中，难免不为浮华所动。而将一个浮躁的人搁置在庙宇山林，亦可以得到净化。许多人都在潜移默化的时光里慢慢地改变了自己，熟悉又陌生，陌生又熟悉。

林徽因遗传了林家的优雅气质，她骨子里就带有浓郁的诗味和典雅，所以大姑母林泽民对林徽因的启蒙更加深了她的文学修养，为她将来成为一代才女种下美好的前因。她朦胧的记忆被江南水乡的悠悠古韵填满，黛瓦粉墙，亭台水榭，还有青石小巷的惆怅烟雨，转角长廊的淡淡回风。这一切物象都经过历史长河的沉淀，成为摇曳在江南枝头的永远风景。

然而，林徽因的童年亦非都是如意。或许上苍是公平的，给了她一个儒雅优秀的父亲，所以才安排了一个平凡的母亲。徽因的母亲何雪媛出身于浙江嘉兴一个商人家庭，十四岁就嫁给林长民做了继室。对于善诗文、工书法、才华出众的林长民来说，这位没有受过教育的旧式妇女实在难以令他心动。

　　她不懂琴棋书画也就罢了，偏长成于商人家庭，过的也是养尊处优的生活，所以嫁至林家又不善操持家务。这样一个凡妇既得不到丈夫的温情，亦得不到婆婆游氏的欢心。后来林长民又娶了上海女子程桂林，这位女子虽亦无多少学识，但年轻美丽、性情温和、相夫教子，深得林长民宠爱。此时何雪媛的地位更是一落千丈，而她的性情亦在狭窄的角落里变得阴晴不定。

　　林徽因童年还有着一段痛苦的记忆。母亲何雪媛因为得不到父亲的宠爱，所以生出抱怨责怪之心。那时候，林徽因和母亲住在后院，每当她从前院快乐地回来，总是会听到母亲无休止的数落。这时候，徽因心里就会充斥着对父母又爱又怨的矛盾感情。她爱那个称自己为"天才女儿"的父亲，却怨父亲对母亲冷淡无情。她爱给她温暖关怀的母亲，却怪母亲总在抱怨中令父亲离得更远。

　　小小年纪的徽因，内心却背负了许多沉重。她既要在祖母和父亲面前做一个聪慧玲珑的小才女，又要在母亲身边做一个温顺听话的乖女儿。许多时候，她总是独自一个人坐在木楼上，看天空漂浮自在的云彩，甚至懂得了白云的往来无常。也是这时候，她开始多愁善感，知道看似完美和谐的生活，亦暗藏许多的无奈。

　　直到多年以后，林徽因成为一位极负名气的女诗人。她写过一篇题目为《绣绣》的小说，讲述的是一位乖巧的女孩绣绣生活在一个不幸的家庭里。母亲懦弱无能、狭隘多病，父亲将其冷落，娶了新姨娘又生了孩子。

绣绣整日夹杂在父母亲无休无止的争执吵闹中，彷徨于没有温情、没有爱怜的生活里，最终因病死去。在小绣绣的心底隐藏着对父母亲爱恨交织的情感，以及爱莫能助的无奈。其实这一切又何尝不是林徽因小时候那段生活的写照。

如今想来，未必是徽因的父亲林长民薄情，而是他和何雪媛之间没有爱的交集。人的一生总有注定错失的姻缘，和你携手相伴的人或许不是你要的那杯茶，但你还是要强忍着苦涩饮下。所以彼此厌倦并不是谁的过错，只怪造化弄人，无端生出这么多的痴男怨女，不得尽如人愿。

我想到后来，尝尽人情世味的林徽因亦会懂得这期间不可言说的无奈。因为她生命中历经的几段感情，又何曾有过真正的圆满，又何曾没有遗憾。她是个美丽如蝶的女子，面对感情也曾有过彷徨惆怅，只是终究还是做到收放自如，懂得取舍。所以，她以一种清雅端然的姿态漫步在云间，让人仰望了一生，怀想了一生。

人间萍客

　　一路行来，我还是与许多缘分擦肩，所拥有的也渐次失去。并非因为不懂珍惜，有些缘分注定了长短。来时如露，去时如电，挽不住的终究是刹那芳华。

　　很多年前，我喜欢上两个字——惜缘。总觉得，人与人相识是多么的不容易，如若有缘相处更是极其珍贵。所以我们都应当懂得珍惜，任何的伤害与错过都不值得原谅。纵然如此，一路行来，我还是与许多缘分擦肩，所拥有的也渐次失去。并非因为不懂珍惜，有些缘分注定了长短。来时如露，去时如电，挽不住的终究是刹那芳华。

　　在成长的过程中，我们免不了经历离合悲欢，就像阴晴圆缺，有如潮起潮落。流光从来不会多情地将人照料，而是我们要学会迁就它的漠然。人的一生从来没有绝对的安稳，许多人以为守着一座老宅，栽花种草，平凡生养，从红颜到白发，就算是安宁，而背着行囊浪迹萍踪，人间摆渡就是放逐天涯，苍茫遗世。

　　其实不然，所谓心静则国土静，心动则万象动，真正的自在是知晓得失从缘，懂得随遇而安。那时候，任何的迁徙都不会成为困扰，不至于改变生活的初衷。在人生的路上，每个人都在努力寻找适合自己的方式，不至于太过曲折，不至于时刻彷徨在转弯的路口。世事难遂人愿，你想要行云流水过此一生，却总是风波四起。

　　在林徽因八岁的时候，其父亲林长民居住北京，而全家则由杭州移居上海。从此，这位冰雪聪明的才女离开了杭州古城，开始她另一段崭新的人生历程。她带走了江南水乡的灵秀，带走了西湖白莲的清韵，也带走了青石小巷那一季的烟雨。小小的她还不懂得何谓相忘江湖，不懂得迁徙意味着和过往的时光诀别，不懂得从此红尘陌上，她将以清绝的姿态独自行走。

　　那时的上海滩已是风起云涌，多少人在洪流乱烟里淹没了自己。朝代更换，壮美山河被硝烟呛伤，历史斑驳脱落，在岁月的长河里漂浮流淌。每个人朝着自己心中的目标追逐，却也难免月迷津渡，不知如何才能抵达梦的港湾。在没落的年代，总有出类拔萃之人立于天地之间，为太平盛世做最大的努力。

　　八岁的林徽因随家人移居上海后，住在虹口区金益里。徽因和表姐妹们一起就读于附近的爱国小学，天真烂漫的年龄不受外界的干扰，只在书卷里看光阴交替。关于林徽因这段童年旧事并没有多少记载，只说她在爱国小学读二年级，并侍奉祖父。天资聪颖的林徽因对家中的藏书以及书画十分感兴趣，她的冰雪聪明深得家人、老师以及同学的喜爱。

　　林徽因是一个美丽灵秀的女孩，纤细柔美的身材更显江南女子的婉约。写到这儿，我总会想起《城南旧事》里的小英子，那是一个秀丽玲珑的小女孩，她有一双清澈干净的眼睛，可以照见心灵。这个不解世事的小女孩有一颗善良的童心，她与疯子结交，和偷儿做朋友。她知道他们都是善良的人，却分不清谁对谁错，谁是好人，谁又是坏人。她的童年就是这样在疑惑中度过，却纯真美好，耐人寻味。

　　相信林徽因的童年也一定有许多令她难以忘怀的旧事。小小的她，有一颗比同龄人更加善感的心。而她所邂逅的，亦是不同寻常的人和事。那些美好的过往都被封存在岁月的书页中，或许只有有缘人才可以翻读。又或许，许多人宁愿将那些美好封藏，有如搁置在木质抽屉里的老照片，若非年华老去，都不会轻易去碰触。

　　1916年，林长民在北洋政府任职，十二岁的林徽因随全家从上海迁至北京。她和表姐们一同进了英国教会办的培华女子中学读书。这所贵族学校教风严谨，培养出的学生谈吐举止皆有学问。

　　繁华上海与老城北京全然不同，一座是风情万种的都市，一座是霸气显赫的皇城。此时的林徽因已知晓世事人情，初次来到这座大气辉煌的皇城，她感受到一种与历史相关的沧桑，亦觉得自己只是这座纷繁城池里的一粒渺小尘埃，太多浮华将天空填满，没有谁会注视她的存在。然而看惯了冠盖如云的宫廷高贵，许多人则期待一份天然的清雅。

　　林徽因的出现，无疑给这座高贵沧桑的城市增添了诗意与柔情。尽管那时候的她还不到风华绝代的年龄，但她以钟灵毓秀的江南小才女身份，用其明净的眼眸、秀丽的面容、优雅的姿态、斐然的才情迷醉了诸多校友。那时的林徽因无疑成了众人心中的美丽女神。有些人的美丽是与生俱来的，有些人则需要经历蜕变，林徽因属前者，仿佛任何时候她带给人的感觉永远都是那么清新如一。

在林徽因十三岁那年，张勋复辟，全家迁居天津，唯徽因留京。她虽柔弱，但从来都是坚强的女子。她虽多愁善感，但从不轻易在人前落泪。小小的她可以将家事打理得井井有条，照料好自己的青青韶华。这就是林徽因，与任何一个女孩都不同的林徽因。她是从微风细雨的江南小巷走来的婉约女子，有一天，她的姿色与风情足以倾倒这座皇城。

我时常想着，假如林徽因一直守在江南，守着老旧的宅院，她是否甘心舍弃才情，做一个凡妇，与一位凡夫共有晨昏，度过炊烟四季，慢慢老去？深深庭院，雕花木窗，还有爬满青苔的老墙，几枝桃杏，一树荼蘼，有一种简约的美丽。午后慵懒的阳光下，她用柔情给爱人的衣裳缝制纽扣，偶尔也教清风识字。日子如流水倏然而过，而那个男子温和的目光则一直追随，不离不弃。

一切都只是幻想，这世间本就没有假如。大家闺秀的林徽因，美丽如蝶的林徽因，才情横溢的林徽因，注定做不了一个平凡女子。纵然她喜欢柴米油盐的香味，可是风花雪月的柔情却一直对她纠缠不休。所以她被放逐，远离江南，接受更绝美的绽放。

记得胡兰成说："张爱玲是民国世界的临水照花人。"张爱玲孤傲、清高、敏感，灵魂寂寞了一生。她说过，见了他，她变得很低很低，低到尘埃里，但她心里是欢喜的，从尘埃里开出花来。而林徽因更像清水里开出的一朵白莲，安静娇柔，温婉洁美。她不会让自己爱到卑微，爱到不知所措。

那时候，小小徽因就如同含苞待放的睡莲，在清凉月光下，等待一位可以敲叩心门的有缘人出现。见过她的人都知道，有一天，这朵白莲花会在千顷碧叶之上徐徐地绽开。那温柔低首的不胜娇羞，让多少人为之一醉不醒。

青春初识

> 邂逅一个人，只需片刻，爱上一个人，往往会是一生。

世间真的有许多难以言说的奇缘偶遇，置身于碌碌红尘，每一天都有相逢，每一天都有别散。放逐在茫茫人海里，常常会有这样的陌路擦肩。某一个人走进你的视线，成了令你心动的风景，而他却不知道这世界上有过一个你。又或许，你落入别人的风景里，却不知道这世上曾经有过一个他。不知道多年以后，有缘再次相遇，算是初见还是重逢？

有时候，伫立在摩肩接踵的人流中，心底会涌出莫名的感动，觉得人的一生多么不易，我们应该为这些鲜活的生命而感到温暖，为凡间弥漫的烟火感到幸福。也许有一天，我们都会离开，都将后会无期。既知如此，又何忍为一些微小的过错做出深刻的伤害？何忍为一个回不去的曾经做出悲情的沉迷？

邂逅一个人，只需片刻，爱上一个人，往往会是一生。萍水相逢随即转身不是过错，刻骨相爱天荒地老也并非完美。在注定的因缘际遇里，我们真的是别无他法。时常会想，做一个清澈明净的女子，做一个淡泊平和的女子，做一个慈悲善良的女子，安分守己地活着，不奢求多少爱，亦不会生出多少怨。无论荣华或清苦，无论快乐或悲伤，都要一视同仁。

看过世间往来女子，知晓每个人都有其不可替代的风华和韵味，但可以在史册上留下一笔的人不多，能够让众生铭记的人更是太少。民国，那是一个拥有古典气质，又携带现代风情的时代。在乱世风云里，出现了那么一批才情万千的女子，她们用自己的高贵、风华、睿智、美丽，演绎着或璀璨绚丽，或陡峭孤绝的人生。

我不得不承认，林徽因是一个可以令春风失色、百花换颜的女子，仿佛只有她可以在滔滔不尽的尘世里淡定自若，可以令徐志摩为她写下最美丽的诗章，令梁思成和金岳霖两位才华横溢的男子相安无事地甘于为她守护一生。都说文如其人、其性、其心，读林徽因的文字，永远没有疼痛之感，永远那般清新美好。一首《你是人间的四月天》好似她如莲的一生，纯净、柔美、优雅。

十四岁的林徽因已是一位娉婷女子，她的才情以及落落韵致随着流年生长，仿佛所有从她身边走过的人都会被其少女独有的清新迷醉。那时候，林长民与汤化龙、蓝公武赴日游历，家仍居北京南长街织女桥。徽因平日里除了料理家事，空闲时间她便一心编字画目录。徽因自信地显露才情，她甚至觉得，那个手捧诗书、静弹篦篌的女子才是真正的自己。书上说，这一年林徽因认识了梁启超之子梁思成。也有记载，把林徽因、梁思成相识时间定在林徽因从英国归来的1921年。梁启超是中国近代史上著名的政治活动家、启蒙思想家、资产阶级宣传家、教育家、史学家和文学家，其子梁思成是中国著名的建筑学家和建筑教育家。

林徽因认识梁思成应当是在她去英国之前。因为林、梁两家属于世交，他们有许多可以结识的机会。后来梁思成女儿梁再冰在《回忆我的父亲》中的这么一段记述，让我们更加确信，林徽因初遇梁思成的时间是她十四岁的那一年。

"父亲大约十七岁时，有一天，祖父要父亲到他的老朋友林长民家里去见见他的女儿林徽因（当时名林徽音）。父亲明白祖父的用意，虽然他还很年轻，并不急于谈恋爱，但他仍从南长街的梁家来到景山附近的林家。在'林叔'的书房里，父亲暗自猜想，按照当时的时尚，这位林小姐的打扮大概是：绸缎衫裤，梳一条油光光的大辫子。不知怎的，他感到有些不自在。

"门开了，年仅十四岁的林徽因走进房来。父亲看到的是一个亭亭玉立却仍带稚气的小姑娘，梳两条小辫，双眸清亮有神采，五官精致有雕琢之美，左颊有笑靥；浅色半袖短衫罩在长仅及膝的黑色绸裙上；她翩然转身告辞时，飘逸如一个小仙子，给父亲留下了极深刻的印象。"

我想，梁思成应该是对林徽因一见钟情的，那时候梁思成已经十七岁，正是血气方刚的少年郎。在他的身边也许不缺美丽大方的俏佳人，可是像林徽因这样清新动人的江南女孩应当是绝无仅有了。初见时，他只觉徽因似一朵出水芙蓉，清新淡雅，飘逸绝尘。而林徽因初见梁思成这位俊朗文雅的少年时又有怎样的感触？

　　相信每个男孩心中都幻想过这样一个清纯女孩，渴望肩并肩行走的喜悦，渴望十指相扣的温暖。而每个女孩心中亦构思过这样一幅美好的图景，和一个阳光帅气的大男孩坐在草坪上，背靠着背谈论青春梦想。这个过程很短暂，但是曾经拥有过的美好感觉足以令人怀想一生。

　　直到后来，我们才知道，林徽因初见梁思成时一定没有怦然心动之感，有的或许只是一个少女见一个少年的喜悦心情，有些许腼腆，些许快乐。而梁思成这一见，就再也没能忘记林徽因，只是他们之间注定要经过一段漫长的历程才能并肩走在一起。原本是两个一同行走的人，其间一个人在路途上探看了别的风景，而另一个人一直在原地等待。

　　想起了三毛与荷西的那场恋爱，这位比三毛小了八岁的大男孩对她许下永恒的爱情的诺言。那时的三毛唯有感动，却不愿相信。六年后，他们再度重逢，荷西一如既往的真心将三毛打动，他们携手走进了撒哈拉沙漠，开始了风雨相伴的人生。他们用了六年的时间来辜负，又用了六年的时间相偎依，再用一生的时间来离别。

　　林徽因是那个采撷风景的人，梁思成则一直立于原地相守。待林徽因停下脚步，偶然回眸，发觉那个人还在，一直在。也许是累了，也许是感动了，总之，有一种遗憾，叫错过，有一种缘分，叫重来。林徽因既无悔于过往的痴情，梁思成亦没有追究曾经的失去。没有谁的过去是一纸空白，再乏味的人生都会不断地有故事填满。爱过的人，不能当作没爱过，拥有过的岁月，永远是属于自己的。

都说女孩要真正爱过才会长大，就像破茧而出的蝶，有一种蜕变的美丽。林徽因第一次心动，是在英国的伦敦，在美丽的康桥，为了那个风流倜傥的男子——徐志摩。之前所有的邂逅都只是一种简单的存在，对于她，没有意义。因为我们都相信，这样一位纯粹静好的女子，在最美的年华里拥有一段浪漫的爱情，是源于对清澈灵魂的认可。

　　十四岁的林徽因不会知道，梁思成会是她携手一生的伴侣。尽管梁启超有意与林家联姻，但他仍主张自由婚恋，相信感觉才是最重要的。再后来，林徽因去了英国，她以绝代容颜和才情令许多中国留学生生出爱慕之心、追求之意。她独恋上徐志摩，只是他们的爱情像一场烟花，璀璨过后只留一地残雪。之后，林徽因再没有丝毫旁骛之心，只钟情于梁思成了。

　　那时，同在美国留学的顾毓琇说：“思成能赢得她的芳心，连我们这些同学都为之自豪，要知道她的慕求者之多有如过江之鲫，竞争可谓激烈非常。”可见当时的林徽因是怎样的风华绝代，她的纯净美好，仿佛是为了应和一场青春的盛宴。这个叫林徽因的女子，将最美的风华酿成一坛芬芳的酒酿，让人闻香即醉。

爱上一个人，有时候不需要任何理由，没有前因，无关风月，只是爱了。

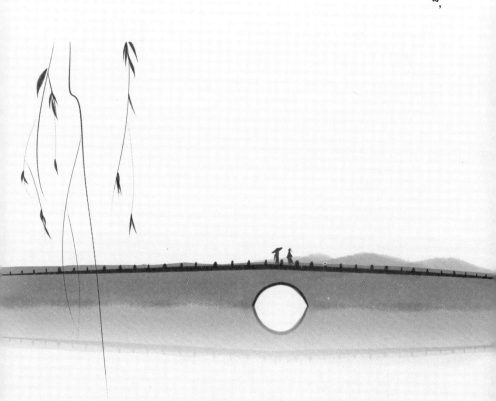

停留是刹那，转身即天涯。

· 第二卷 ·

那一场康桥绝恋

漂洋过海

她是一个素淡女子，没有想过要风云不尽，只想在属于自己的空间里做梦，浪漫自由地生活。

　　一直以来都认为，最美的女子应当有一种遗世的安静和优雅。无论什么时候，无论何种心情，她都能让你平静，让你安心。这样的女子应该有一处安稳的居所，守着一树似雪梨花，守着一池素色莲荷，缓慢地看光阴在不经意间老去。可直到后来才明白，每个女子都要经历一段热烈的过程，才能显露她非凡的美丽与惊心的情怀。她的安静不是画地为牢，而是在紫陌红尘中独自行走、听信缘分。

　　所以之前，每当看到林徽因安静清纯的模样，看到她美丽洁净的诗篇，我们都会以为，她的人生应该静美到无言，她应该是一个筑梦的女孩，在水乡江南，在温暖的小屋里，筑一帘幽梦。可许多年前，她就和江南优雅地告别，从此接受了迁徙的命运。这种迁徙不是颠沛流离，是顺应时代，是自我放逐。本是追梦年龄，又怎可过于安静，枉自蹉跎流光。

所谓诗酒趁年华，也只有青春鼎盛之时才敢于挥霍光阴，一醉求欢。十年之后，再去回首，只觉红尘如梦，我们不过在梦里做了一场春朝秋夕的沉迷。厌倦了凡尘的五颜六色，独爱岁月清欢，只希望可以有个妥当的归宿，安排落拓的自己。在此之前，无论你多么深晓人间世事，博览群书，依旧无法做到淡定从容。世间百态，必定要亲自品尝，才知其真味；漫漫尘路，必定要亲力亲为，才知晓它的长度与距离。

1920年春天，林长民赴英国讲学，十六岁的林徽因跟随其父去伦敦读书。这一次远行让林徽因从此走上新的人生历程，也意味着她行将彻底地告别青涩的少女时代。此番漂洋过海，她所能看到的是一个新的世界、新的人物，汲取新的知识，面临新的生活环境。对于一个刚刚长成的女子来说，这些新的事物带给她的应该是鲜活与神奇的美丽。

有人说，假如林徽因没有跟随她的父亲林长民漂洋过海，甚至没有出生在官宦、诗书世家，而是在一户平民百姓家庭过平凡庸常的日子，以她的聪慧也能把握得很好。任何地方，任何时候，任何境况，她都不至于让自己过得狼狈。世人心中的林徽因，又或者真实的林徽因，就是那朵莲，根茎种植在泥淖中，却永远那么清白纯净。

一个女子可以在众人心中赢得一世的清白，是多么的不易。跳不出万丈红尘，就只能与它交好，在俗涛浊浪面前，就算你跪地求饶也于事无补。林徽因自小就明白这个道理，可她不说，只默默地与人间万物妥协，让我们永远看不到她的累，看不到她的伤。有时候，甚至觉得她的聪慧与淡然是与生俱来的，不需要经过漫长的修炼就有着比寻常人更深的道行。

可她分明还是个孩子，那一双水灵清澈的眼眸告诉我们，她未经多少世事，她是那么漫不经心。

自己是个怀旧的女子，总以为她亦是如此。后来才相信，这世间有相同情怀的人，但他们绝不会有相同的故事、相同的人生。让我静守淡泊流年，不理繁华万千，是甘愿的，如若命运安排好我要在天涯，亦无可回避。或许林徽因的心情也是这般，从来没有固执地想过要什么，也没有刻意去拒绝什么。每个人自拥有生命的那刻起，就注定要扬帆远航，一旦没入苍茫江海，又何来回转的余地？

漂洋过海在那个年代是一种时尚。林徽因这位大家闺秀自是顺应潮流，因为任何的执拗都不能改变初衷。当徽因乘上远航的船只，看着浩渺无边的大海，她第一次深刻地明白，自己只是一朵微小的浪花。她是一个素淡女子，没有想过要风云不尽，只想在属于自己的空间里做梦，浪漫自由地生活。

喜欢一个词语，同船共渡。每个人都会期待有一位可以和自己同船共渡的人。今生所有缘分都是前世修炼所得，十年修得同船渡，百年修得共枕眠。所以我们应当相信，今生所有与自己相识的人，前世都结过深刻的缘分。所有与你我擦肩的路人，前世可能是邻居，是茶友，甚至是知己或亲人。而我们今生所有的邂逅，又会为来生的缘分做好安排。十六岁的林徽因，多愁善感的林徽因，是否亦会有如此的念想，希望可以和某个浪漫诗意的男子同船共渡，结下一段美好的缘分？

自从徽因随父亲离开中国之后，就同他到巴黎、日内瓦、罗马、法兰克福、柏林等地旅行。看过了法国巴黎的浪漫风情，去过历史上显赫一时的古罗马帝国，领略过欧洲城堡建筑的艺术与华丽，徽因真切地感受到世界的宽大，她被异国那些无以言说的美丽风情彻底征服了。原以为世间熙攘繁华莫过如此，山只是山，水也只是水，人亦只是人。可当林徽因赏阅过各国不同的风物人情，参观过风格迥异的建筑之后，她就再也不能停止对建筑业的追求。

游览各国，林徽因体会最深的就是建筑震撼心灵的力量。一直惊叹造物主是何等的神奇，可以将自然山水装扮得那般圣洁和至美。平日里，我们总是太沉迷于烦琐的名利，而忽略了人生除了浮名还有太多的美好值得留恋，比如世间旖旎的风光、万古不变的青山、滔滔不尽的江水。这种干净，这种大美，成了每个人心中至高的信仰，搁在最神圣的角落，不轻易与人言说。

后来，林徽因嫁给了梁思成，两个人一起研究建筑学，相濡以沫走过风雨人生。读过她《你是人间的四月天》的人，或许都会以为，林徽因应该是个诗情柔弱的女子，在她的生命中，爱情应该高过事业。然而，她竟是一个高旷女子，她执着于事业，觉得事业的成就远比小儿女的情感要重要。所以她将自己的一生都交付给了事业，哪怕到最后病痛缠身，亦不曾有过丝毫的放弃。面对感情，她却多了一份清醒。

1920年9月，林徽因以优异成绩考入St.Mary's College（圣玛利学院）学习。在英国，林徽因也经常加入到父亲的各种应酬中，她以女主人的角色接待过许多文化名流，这给她后来的文字创作奠定了深厚的基础。她不是普通的小家碧玉，在屋里翻读几本书，就开始闭门造车。她领略过名山大川，结识过许多著名史家学者，所以她在文坛上的起步高于其他女作家。

更多时候，林徽因喜欢一个人待在居住的寓所，调一杯咖啡，偎在壁炉旁，读她喜欢的书。许多名作家的诗歌、小说、剧本，她都一一阅览。伦敦，这座美丽的雾都，总会飘起缠绵悱恻的烟雨。而这位寂寞的诗意少女，总是独自守着窗外的雨雾，筑一场又一场无约之梦。她期待在这异国他乡，会有一个多情男子走进她的生活，与她共有一帘幽梦。

烟雨总是太过撩人情绪，孤独的时候，总是希望生活中有浪漫发生。林徽因希望可以像童话里所写的一样，和喜欢的人围着壁炉喝咖啡，闻烤面包的清香，彼此若有若无地诉说心情，岁月在旋转的韵律中缓慢流淌。尽管那个人还没有出现，但聪慧的林徽因心里有预感，在这座美丽的城市一定有属于她的故事发生。

邂逅伦敦

> 莫说彼此邂逅在寂寞的异国他乡，就算是相逢在拥挤的人流中，也能一眼认出谁是你命定的那个人。

缘分真的好奇妙。并非是中了缘分这两个字的蛊，所以才这样不厌其烦地谈论与诉说，只是每当提及感情，或是谁与谁的相遇，谁又与谁的相恋，总会与缘分纠缠不清。有缘的人，无论相隔千里万里，终会聚在一起，携手红尘。无缘的人，纵是近在咫尺，也恍如陌路，无分相牵。

但也有人说，缘分固然重要，只是缘分来时也要用心珍惜，否则再深厚的缘分都会被消磨殆尽，到最后依旧是陌路匆匆，谁也顾不了谁的感受。缘深缘浅，情长情短，说的就是如此。相爱的时候，总是会许下郑重的诺言，要一生相守，不离不弃。当那份感觉一旦丢失，过往生死相依的爱恋，竟成了想方设法要擦去的记忆。

不是谁太薄情，而是因为人本多情，多情之人才会种下更多的前因，可所有结果却只能自己承担。许多人想行云流水过此一生，却总是风波四起，劲浪不止。平和之人，纵是经历沧海桑田也会安然无恙。敏感之人，遭遇一点风声也会千疮百孔。命运给每个人同等的安排，而选择如何经营自己的生活、酿造自己的情感，则在于自己的心性。一直以来都觉得林徽因是静坐在云端之上的女子，之所以这么认为，不是因为她的洁净，她的唯美，而是面对错综复杂的感情，她始终可以保持一种平和的姿态。当别人以为她要为一段情爱沉溺下去，不得醒转之时，她却可以决绝转身。她让风流才子徐志摩在康桥上只影徘徊，失魂落魄；让建筑学家梁思成浓情蜜意呵护了一生，至死不渝；更让学界泰斗金岳霖默默爱了一辈子，终身未娶。

这样的女子真的太过聪明，她让自己洋溢着迷人的魅力，让欣赏者的目光聚集于一身来享受着她的典雅纯美。她时刻愉悦别人，又温暖了自己。她仿佛永远都是那么无意，无意地看着花开花谢。纵然自己深爱一场，也可以做到平静地别离。纵是爱到深处，也不肯热烈相拥。她不会将自己逼到落魄的境地，任何时候她都可以让自己优雅地行走。穿一袭素色白裙，走在人间四月，等待一树又一树的花开。春天早已远去，她却还在。

1920年的9月，年轻才子徐志摩从美国到英国，他为了结识狄更生先生，故拜访了林长民。他与林长民相见恨晚，更结识了十六岁的林徽因，这个让他爱慕终生的美丽才女。也许他们算不上一见钟情，但彼此是因为第一次邂逅而有了交集。徐志摩比林徽因年长七岁，那一年，他二十三岁，她十六岁。二十三岁，对于一个风流倜傥的才子来说是多么的年轻。他俊俏的面容、儒雅的风度、诗人的气质，令许多红颜佳丽为他倾心。而情窦初开的林徽因，面对一个如此有气度的男子，又怎能做到心静如水？

那时候，徐志摩已婚，并且是两岁孩子的父亲。一直追求理想人生、争取婚恋自由的徐志摩，根本就不爱妻子张幼仪。他遵从家人意愿娶了从未谋面的张幼仪，对她可谓是无情至极。徐志摩认为没有恋爱的婚姻是坟墓，他时刻都想结束这个错误，力求获得重生。他是个多情才子，可是面对张幼仪，却永远都是一副不耐烦的模样，甚至不去承担一个丈夫所应该承担的责任，令张幼仪受尽委屈。一个从未离开过故土的温良女子，在遥远的异国他乡，举目无亲地活着。

有时候在想，人最多情，也最无情。爱的时候海誓山盟，许下天荒地老。厌的时候，恨不能立刻从生命中抽离，一刀两断，再无瓜葛。徐志摩对贤淑稳重的张幼仪冷漠无情，淡如清水。而当他再度与林徽因相见时，就为她的风姿绰约深深倾倒。那含情明澈的双眸、高贵典雅的气质让他肯定，这就是他追慕多年想要遇见的女孩。他爱上了精灵一般的林徽因，彼此眼眸的交换，便让这朵白莲深深种在徐志摩的心间，再难相忘。

人生真的如戏，每个人在不同的人面前扮演不同的角色。张幼仪为徐志摩低眉垂首，无悔生养，而徐志摩却视她为打身边游走的一粒尘埃，毫无情义。对于林徽因这个美丽如蝶的女子，他可以为她写下无数情真意切的诗句，甘愿做她裙裾边的一株草木，深情相随。是缘令他们走到了一起，却都无分相守。不爱在一起是错误，太爱在一起同样是错误。

徐志摩第一次见到张幼仪的时候，他甚至连正视她的心情都没有，因为他打心底就不愿接受这段婚姻，所以无论张幼仪是否端庄大方，是否美丽贤惠，都无法在他心中占一席之位。直到邂逅了林徽因，徐志摩才知道，这些年的坚持是正确的，因为他心中的女神真的出现了。他认定林徽因就是他命里的红颜，他愿意为她写下柔情的一笔。再后来，徐志摩又遇见了陆小曼，那个风情万种的女子亦是他生命里过不去的劫。人的一生就必定要遭遇这些无来由的缘分，让你我一次次沉陷。仿佛唯有这样，才算真实地在红尘走过一遭，才算没有虚度这墨绿湿润的光阴。

徐志摩这一生是为情爱才来到人间，他的使命是为了赴那些红颜的约。最后他为陆小曼奔波忙碌，又为了赶赴林徽因的一次讲座坠身山谷，落到尸骨无存的下场。如果说张幼仪是他生命里的一次意外，那么林徽因则是他床前的白月光，陆小曼则是他心头的朱砂痣，其余那些红粉佳人连偶然都算不上了。唯有真爱才值得他不惜费尽一生心力去拥有。徐志摩如此，我们又何尝不是这般。

都说十六岁是花季，林徽因是幸福的，在花季之龄遇上像徐志摩这样的青年才俊，他满足了一个少女对浪漫爱情所有的幻想，填补了她对诗意生活的所有渴望。在伦敦这个雨雾之都，林徽因终于找到了一个可以陪她共有一帘幽梦的男子。尽管这个男子未必真的合适，尽管他们未必可以不管世俗约束义无反顾地在一起。但他们都爱上了那句话：不在乎天长地久，只在乎曾经拥有。

尽管现实生活给了他们诸多无奈，毕竟徐志摩是有家室的男人，他有责任在身，不能像单身男子那样自由，但是爱情一旦来临，又怎顾得了那许多？一个是情窦初开的少女，一个是风度翩翩的青年，他们有着相同的情怀，诗意的梦想。莫说彼此邂逅在寂寞的异国他乡，就算是相逢在拥挤的人流中，也能一眼认出谁是你命定的那个人。这就是所谓的感觉，有缘之人，哪怕在岔路口不小心失散，也会有一枚红叶指点你去将对方寻找。

　　总之，在英国伦敦，林徽因遇上了徐志摩，她生命中第一个爱的男子。无论是缘是债，是悲是欢，是甜是苦，都要学会尝试，学会开始。也许他们行走在一条荆棘丛生的路上，但一定也有清风明月相伴。他们承诺了彼此，愿意携手共赴天涯。只是，天涯到底有多远？是一米阳光的距离，是一个春天到秋天的距离，还是一生的距离？

康桥之恋

康桥，给过他们美好的相拥，留下他们华丽转身的背影，也记住他们多情的回眸。

就像蝴蝶飞不过沧海，没有谁忍心责怪。这句话好像来自歌词，无论是谁写的，许多人就这么爱上了。那是因为人生充满太多的无奈，我们都明白，在浩渺无垠的沧海，你我就是那弱小的蝴蝶，纵然给了一双翅膀，也终究飞不出茫茫海域，飞不过蓬山万里。明知如此，依旧有许多人为了一场爱恋去奔赴无期的将来。撑一支长篙，独上兰舟，有多少人懂得随遇而安，适可而止？

许多时候，我们总是羡慕那些在烟雨中携手漫步的情侣，羡慕那些坐在长椅上柔情偎依的恋人，羡慕那些提篮买菜归来的平凡夫妇。在多风多雨的红尘路上，客来客往，缘定三生的又能有几人？月的盈亏，只是送尽了人的生死离别，而那轮纤素，又何曾变过？人世苍茫，千年一晃而过，人类其实一直在重复相同的故事，相同的冷暖爱恨。春蒸秋尝，日子是一砖一瓦堆砌而成，到最后，谁也找不到哪一堵城墙属于自己。

  自从那一次邂逅，徐志摩便认定林徽因是他命里的红颜。可红颜到底是什么？书上说，红为胭脂之色，颜为面庞。古女子以胭脂润面，远看如红色面庞，所以代称女子为红颜。书上也说，红颜薄命，红颜祸水。有时觉得这个词太过薄弱，甚至太过苍白，所以有了"冲冠一怒为红颜"之说，它讲述的是吴三桂和陈圆圆的故事。其实这世间有多少"吴三桂"，就会有多少"陈圆圆"。说到底，红颜没有错，没有谁累了谁，也没有谁薄了谁。有缘相逢、相伴走过一程山水，厌倦的那一天，希望每个人都可以微笑说别离。

  那些日子，伦敦的雨雾好似有意在为林徽因和徐志摩营造一种浪漫的气氛，每一天都那样若有若无地飘着，无休无止。林徽因和徐志摩坐在温暖的壁炉前，从文字到音乐，从现实到梦境，从昨日到明天，他们总有说不完的话题。有时候，说到心动就彼此沉默。林徽因爱上了徐志摩温文尔雅的气度，而徐志摩爱上了林徽因那一双清澈如水的大眼睛，只要一对视，彼此的心湖都会微微荡漾。

  后来，他们知道，是因为爱，爱了才会如此。只有爱了才会闻风柔软，看雨生情；只有爱了才会感时花溅泪，恨别鸟惊心；也只有爱了，才会希望茶永远不要凉，夜永远不要黑。那许多感触，或许只有真正爱过的人才能深刻明白。真爱了，许多思想，许多做法，许多心境，都会不由自主，难以把握。

  其实他们的相爱有许多的前因，或许寂寞是最大的缘由。人只有在孤独的时候，才会渴望能够有一个可以和自己惺惺相惜的人。而被俗事缠身之时，许多感动的片段都会被忽略。还有某一部分，他们的投缘是有着他乡遇故知的情结。林徽因生于浙江杭州，徐志摩是浙江海宁人，江南山水滋养出的人物自是不同凡响。他们从多情之地走出来，只是江南那把油纸伞能否挡得住伦敦的烟雨？

也许只有康桥才给得起他们美丽的相逢。知道林徽因和徐志摩的人，都知道那一场康桥之恋，知道他们曾经在康桥柔波下热情相拥，又在康桥沉默的夜色中挥别。其实他们都因为有了彼此，才有了诗情，才可以写下触动灵魂的诗句。徐志摩的一首《再别康桥》，字字句句仿佛情景重现，让所有读过的人都随他去了一次康桥，都甘心做一株招摇的水草，在康桥的柔波里沉迷不醒。

康桥，英国著名的剑桥大学所在地。康桥，林徽因和徐志摩人生的转折地。他们曾经偎依在桥头，筑过彩虹般的梦，曾经一起将船只划向浩渺的云水，以为这样就可以不必记得来时的路。康桥，徐志摩和林徽因的康桥，世间无数红绿男女的康桥。康桥，给过他们美好的相拥，留下他们华丽转身的背影，也记住他们多情的回眸。流年似水，太过匆匆，一些故事来不及真正开始，就被写成了昨天，一些人还没有好好相爱，就成了过客。

来过康桥的人无数，你记得它的模样，可它记住的人真的不多，但我们总愿意将梦寄存在这里，期待有一天一无所有的时候，还有梦可寻。多年以后，徐志摩重游康桥是为了寻梦，才会生出那样真切的感慨，那曾经爱过的人再也不会归来。而他也在康桥沉默的夜晚，假装漫不经心地别离，写下"悄悄的我走了，正如我悄悄的来；我挥一挥衣袖，不带走一片云彩"。

任何一个人都看得出徐志摩的无奈，但我们宁愿相信他真的没有带走一片云彩。我甚至在很年轻的时候引用过他的诗句，试图告诉别人，对于一些把握不住的情缘，真的可以无所谓；告诉别人，无论岁月多么苍茫，我真的安然无恙。可多少人能够做到决绝转身，而没有丝毫心痛、丝毫遗憾。

命运，在康桥上雕琢了深浅的烙印，康桥又将冷暖悲欢传递给每一个来往的过客。那时的林徽因当真是爱了，所以她愿意和徐志摩在康桥上相拥，一起许下诺言。徐志摩一定对她说过："我懂你像懂自己一样深刻。"而林徽因一定纯净地看着他，点头道："我信。"有时候，爱情就是如此，不需要太多华丽的辞藻，只那么简洁的几句就足矣。

也许很多人会说，两个像诗一样的人物，用诗样的语言来交流，又怎么可能不华丽？但我一直相信，林徽因是清新的，她始终如莲，纵是爱到深处，亦无法绽放桃的妖娆。而徐志摩视林徽因为心中最洁净的女神，他用最清澈、最柔情的心将其呵护。他不忍这朵白莲被凡尘的烟火染成五颜六色，他要她一如既往地清白，是的，清白。

后来才知道，徐志摩这短短的一生爱了两个极致的女子：一个是林徽因，她穿行在百媚千红的世间，独爱成绝的白色；一个是陆小曼，潋滟风情的女子，仿佛要将红尘百味尝遍才肯罢休。徐志摩为了林徽因，在康桥徘徊又徘徊，跌进夜色的柔波里。他为了陆小曼，奔走于红尘，不惜耗尽一切为她抵挡风雨。林徽因太淡然，淡然到有时候觉得自己的存在都是一种多余。陆小曼又太任性，任性到肆无忌惮地挥霍光阴都不是罪过。

是康桥的水唤醒了他们原本安静的心灵，让本就柔软的心更加温润潮湿。之前，他们虽有诗样情怀，却很少真正写诗。直至后来，徐志摩曾满怀深情地说："我的眼是康桥教我睁的，我的求知欲是康桥给我拨动的，我的自我的意识是康桥给我胚胎的。"然而康桥的记忆，是为了那个叫林徽因的女子，倘若没有她，康桥也只不过是一座桥，一种存在的风景。

如果没有这段相恋，就不会有《再别康桥》。而徐志摩和林徽因或许同样是文坛上出类拔萃的人物，却未必会有这一段家喻户晓的浪漫故事。爱到难舍难分之时，谁也不会相信，有一天彼此要伫立在别离的路口，平静地道声珍重。早已痛彻心扉，却依旧掩饰心中的悲伤，假装真的很淡然。正如那首诗：悄悄的我走了，正如我悄悄的来；我挥一挥衣袖，不带走一片云彩。

相逢是歌

永远到底有多远？多少人问过这句话。有人说，永远是明天；也有人说，永远是一辈子；还有人说，永远是永生永世。或许他们都说对了，也或许都说错了，又或许人间原本就没有什么是永远。

在春天的雨夜里，听《相逢是首歌》，就这样做了那个怀旧的人，恋上一首经典老歌。相逢是首歌，同行是你和我。多么美好的句子，美得让人要落下泪来。那些远去的青葱年华，开始在雨夜里重现，仿佛只在昨天，可我为何早早就更换了容颜。

更换容颜的，又岂止是我，还有岁月，以及行走在岁月河岸的许多人。那么多红颜佳丽都随着时光渐次老去，当你以为过程是缓慢，回首却只需瞬间。是的，覆水难收，春去会有春回，花谢花还会开，可人一旦把恩情偿还，就再也不相欠了。

其实，人生原本就没有相欠。别人对你付出，是因为别人欢喜；你对别人付出，是因为自己甘愿。那些付出了想过要收回的人，又何必让你费心去在意。我佩服那些爱过无悔的人，就算分手，依旧可以做到从容相惜。倘若所有的人都可以做到这样宽容慈悲，这风尘的世间虽然烟火蔓延，却不会再有伤害。

深夜里听到乐声

这一定又是你的手指，
轻弹着，
在这深夜，稠密的悲思。

我不禁颊边泛上了红，
静听着，
这深夜里弦子的生动。

一声听从我心底穿过，
忒凄凉
我懂得，但我怎能应和？

生命早描定她的式样，
太薄弱
是人们的美丽的想象。

除非在梦里有这么一天，
你和我
同来攀动那根希望的弦。

这是林徽因写的诗，爱过之后写的诗。因为爱了，所以听一首弦音，颊边泛上了红。我是多么喜欢那一句："生命早描定她的式样，太薄弱，是人们的美丽的想象。"在她很青春的时候，似乎就已经知道，世间万物有其自身规律，就如同山河不可逆转，岁月不可回流。很多人说，她永远像梦一样美丽迷人，其实她活得比谁都清醒。

　　她和所有女孩一样，甚至比其他女孩都更喜欢做梦，但是她不会让自己沉迷。她始终保持一颗清醒的心，为的是不让自己受伤。所以，读林徽因的文字，永远没有疼痛之感。即使她伤了，也会掩饰得很好，也许她会觉得，快乐是所有人的快乐，悲伤是一个人的悲伤。这么说，不是歌颂林徽因多么的伟大，而是有些人从来都不愿意让别人看到自己的伤处。

　　林徽因和徐志摩在康桥深刻浪漫地爱了一场，爱到几乎忘记他们的相逢其实是一场美丽的错误。茫茫人海，遇见是多么的不容易，怎么忍心轻易说别离。他们甚至愿意一直梦着不要回到现实，因为现实像一把利刃会将彼此都割伤。

　　徐志摩几乎每一天都去找寻林徽因，他们在一起谈论诗歌，所以林徽因的诗歌里一定有徐志摩的影子。那时候，徐志摩和林长民是挚友。林长民欣赏他骨子里浪漫的诗情，但作为林徽因的父亲，他知道徐志摩已是有妇之夫，况他和好友梁启超有过口头之约，想将林徽因许配给梁思成。林长民亦是一个潇洒浪漫的人，他认为徐志摩可以和女儿林徽因相恋，但需要适可而止，并且不能与婚嫁相关。

　　林徽因骨子里的浪漫自是不可言说，梦的时候，她可以比谁都诗意，可是一旦清醒，她又比谁都理智。多年以后，林徽因说过："但是他如果活着，恐怕我待他仍不能改的。事实上太不可能。也许那就是我不够爱他的缘故。"这句话其实违背了她的心意，都说初恋最刻骨铭心，我始终认为，林徽因这一生的真正的爱情给了徐志摩。初恋是纯粹无私的，甘愿交付所有的美好、一切的喜悦。她对梁思成的爱，更多的应该是责任；对金岳霖的爱，则多为感动。

林徽因不愿承认自己那么深刻地爱过，是因为她不想为一段无果的爱恋再去做无谓的担当。又或许，她的离开是因为她的善良，她不想伤害一个无辜的女人。林徽因比任何人都明白，徐志摩的妻子张幼仪是一个温良女子。张幼仪安分守在老家，侍奉公婆，平凡生养，对于丈夫的背叛，她无怨悔，后来为了徐志摩漂洋过海，又受尽他无情的冷落。

有时候真的很难想象，同样一个人，为什么对待两个女子的态度竟会有如此的天渊之别。难道就只是因为爱情？浪漫的徐志摩是一个需要靠爱情喂养的男子，但也不能因此推卸作为一个丈夫和父亲的责任。徐志摩的多情感人至深，他的无情亦让人气愤难耐。可人生总是不得圆满，有时候尊重爱情，就要背叛现实；成全现实，就要辜负爱情。

聪慧如林徽因，她又怎么会让自己走到那样逼仄的境地。她要给自己洒脱的理由，更要给别人足够的空间。对于那个从未谋面的女人，林徽因没有丝毫敌意，更多的是怜惜。她们爱上了同一个男子，尽管她知道自己与徐志摩更般配，但是她更明白，爱情和婚姻有时候并不能相提并论。两个相爱的人未必要真正结合在一起才会幸福，有时候，默默相守好过用一生来紧紧依附。

　　我们总以为林徽因的转身太过仓促，太过决绝，却不知她抽身如此之快是怕自己受伤，可她还是受伤了。从一段初恋里仓皇潜逃，甚至来不及跟对方道声别离，如此坚定的转身怎么可能毫发无伤？可更多的人看到的是徐志摩的忧郁，他为林徽因的不告而别独自失魂落魄彷徨于康桥。怅然心痛的又何止是他，只不过没有人看到林徽因转身之时落下的泪滴。

　　每个人都知道天下没有不散的宴席，可还是信誓旦旦地承诺永远。永远到底有多远？多少人问过这句话。有人说，永远是明天；也有人说，永远是一辈子；还有人说，永远是永生永世。或许他们都说对了，也或许都说错了，又或许人间原本就没有什么是永远。你曾经千里迢迢来赶赴一场盟约，有一天也会骤然离去，再相逢已成隔世。

　　其实想起来总会忍不住地悲伤，曾经有无数对恋人在康桥许下一生厮守的心愿。这些人中真正长相厮守熬过一生的又有多少？到最后都免不了劳燕分飞。倘若每个人都清醒看世态，那又何来开始，何来结局；何来相遇，何来重逢。一些人，明知不该爱，还是要去爱；一些错，明知犯下会不可饶恕，却还是要坚持继续错下去。

转身天涯

林徽因是个清澈的人，她不愿背负过去，只想平和地活在当下，告诉所有的人，她一如既往地美好，永远不会让自己错到不可收拾的地步。

记得很多年前，喜欢读席慕蓉的诗，有一首《暮歌》至今依旧会想起。"我喜欢将暮未暮的原野／在这时候／所有的颜色都已沉静／而黑暗尚未来临／在山冈上那丛郁绿里／还有着最后一笔的激情／我也喜欢将暮未暮的人生／在这时候／所有的故事都已成型／而结局尚未来临／我微笑地再作一次回首／寻我那颗曾彷徨凄楚的心。"

将暮未暮，那时候不由自主爱上这个词，仿佛生命里一切已渐行渐远，一切又还没有结束。回眸探看，一路上走过的风景，记得的还有多少？曾经陪伴同行的人，身边还剩下几个？有时候觉得人生真的好讽刺，你不辞辛苦过尽的一生，到最后，有多少人可以耐心地听你讲完那些漫长的故事？你曾经刻骨深爱的那个人，后来也是你亲手去伤害。

　　林徽因转身就是天涯，将她的初恋连同她深爱的男子丢弃在异国他乡，她的不辞而别令徐志摩在伦敦的烟雨中惆怅难醒。但他连怪怨她的勇气都没有，因为徐志摩知道林徽因离他而去的缘由。他所能做的，就是结束当下一切纠缠，让自己做个清白的人。徐志摩以为，唯有清白，才配拥有清雅如莲的林徽因。他忽略了有时看似柔情善良的女子，她的心更加淡漠。

　　1921年10月，林长民出国考察的时间到期，林徽因毅然跟随父亲乘海轮"波罗加"号回国。回国后，林徽因又继续了培华女子中学的学业。她看上去依旧那样清纯美好，没有人知道她其实是负伤而逃。林徽因并非是贸然选择离开，不是她不够爱徐志摩，只是她明白，她和徐志摩之间注定没有完美的结果。她不愿看到更大的破碎，在最美丽的时候转身，让彼此都记住这段短暂却甜蜜的美好。

　　就当作一场梦，梦醒之后，一切恩情都散作了云烟。林徽因是一个不愿意追悼过往的人，她既然选择悄悄离别，就没有想过再回头，尽管她离开徐志摩回国后，在培华女子中学读书的时候有足够的时间来考虑自己的婚姻，她甚至也多次把徐志摩摆放在生命最重要的位置，将他与别的男子比较，论才华、论情感，徐志摩无疑胜过梁思成。

　　可林徽因毕竟是官宦世家出身，又是京城名媛，这位留过洋的新时代女性，其实骨子里还保持着传统的思想。她如何去嫁给有妇之夫的徐志摩，就算徐志摩为她离婚，抛弃张幼仪，可骄傲如林徽因，亦不肯接受这样的结果。她可以忍，再爱也能忍，这就是林徽因，永远给人洁净的白色。又或许她原本就是个懦弱女子，没有勇气为爱情而付出更多，她要的是安稳，是一生的清白。

比起陆小曼，林徽因是太过清醒，还是太过懦弱？又或许真的如她自己所说，是爱徐志摩还不够多？陆小曼为了徐志摩，决然离开丈夫王赓，敢于承受世俗诸多压力，纵是万箭穿心亦要和他在一起。而林徽因明明深爱，却假装轻描淡写，不肯对人提起。她甚至冷静地说过一句话："徐志摩当时爱的并不是真正的我，而是他用诗人的浪漫情绪想象出来的林徽因，可我其实并不是他心目中的那样一个人……"

而相比之下，徐志摩却对爱有了勇敢的承担，他说过："我这一辈子只那一春，说也可怜，算是不曾虚度。就只那一春，我的生活是自然的，是真愉快的。"人与人真的不同，两个相爱的人分开之后，一个人极力想要擦去过往痕迹，另一个人则想珍藏曾经的美好。谁都没有错，只是对待人生的方式不同而已。林徽因是个清澈的人，她不愿背负过去，只想平和地活在当下，告诉所有的人，她一如既往地美好，永远不会让自己错到不可收拾的地步。

情　愿

我情愿化成一片落叶，
让风吹雨打到处飘零；
或流云一朵，在澄蓝天，
和大地再没有些牵连。

但抱紧那伤心的标志，

去触遇没着落的怅惘；

在黄昏，夜半，蹑着脚走，

全是空虚，再莫有温柔；

忘掉曾有这世界；有你；

哀悼谁又曾有过爱恋；

落花似的落尽，忘了去

这些个泪点里的情绪。

到那天一切都不存留，

比一闪光，一息风更少

痕迹，你也要忘掉了我

曾经在这世界里活过。

多么决然的诗，"再没有些牵连""忘掉曾有这世界；有你""你也要忘掉了我，曾经在这世界里活过"。原来我对林徽因的许多感觉都有差错。或许在许多人心里，林徽因就是一个柔弱清纯的女子，每天捧着一本书诗意地活着，甚至忘记她热衷过建筑事业，忘记她多么坚强地支撑着病弱的身子，只为完成她存在的使命。然而不是这样的，林徽因其实是一个异常沉静的女子，当我们以为爱会洒落成满地凋零的花瓣，她却可以做到不露痕迹。

那时的林徽因还不满十八岁，如此坦然平静地面对离别，实在令人叹服。就算她是假装行若无事，她亦成功了，因为她的离去令年长她七岁的徐志摩支离破碎。茫然失措间，徐志摩亦想为自己的伤痛狡辩，用诗歌告诉别人，所有的一切都是偶然，偶然地遇见，偶然地交集，又偶然地分开。

偶　然
徐志摩

我是天空里的一片云，
偶尔投影在你的波心——
你不必讶异，
更无须欢喜——
在转瞬间消灭了踪影。

你我相逢在黑夜的海上，
你有你的，我有我的，方向；
你记得也好，
最好你忘掉，
在这交会时互放的光亮！

真的是这般，"你有你的，我有我的，方向"。曾经交集时刹那间的光亮已然消散，到后来彼此的心间到底留下怎样的印记，谁还顾得了那许多。徐志摩是林徽因生命里第一个男子，他给了她所有诗意浪漫的美好想象，所以林徽因会将他珍藏在内心最纯净的角落，不对人轻易提起。不提起并不意味忘记，后来林徽因和徐志摩一直交往，做着清淡如水的知己，仿佛从来没有发生过那场康桥之恋，仿佛从来没有过真正的别离。

回头试想，林徽因和徐志摩之间没有谁辜负了谁。他们就像两块温润的美玉，倘若结合在一起，反而更易破碎。彼此遥遥相望，默默欣赏，不失为一种幸福。林徽因用理智超越了情感，用一种优雅平和的姿态端然于红尘之上。所以每个人想起林徽因，都觉得她太过洁净，太过美好，像莲，不敢采摘，像风，缥缈难捉。

而我读林徽因的诗，与她亲近得越多越发觉得以往对她的认识真的太过浅薄。又或许每个人都有多面性，而展现给世人的则是最不经意的那一面。我佩服那些可以隐忍的人，将自己的苦痛掩藏得那么深，只取快乐与别人分享，其实内心悲伤早已泛滥成灾，却看上去若无其事，岁月安好。

也许林徽因就是这样的女子，以前觉得她温软多情，如今竟品出了淡淡的薄凉。一如窗外这淅沥的春雨，撩人心怀，却也滋生凉意。谁说人间四月都是艳阳天，谁说人生有情月长圆，也许我们要将世间冷暖皆尝遍，才真的可以视前尘过往为云烟。

人最多情，也最无情。

爱的时候海誓山盟，许下天荒地老。

厌的时候，恨不能立刻从生命中抽离，一

刀两断，再无瓜葛。

·第三卷·

爱真是一场修行

碧海情天

她们有的爱得清澈，有的爱得平和，有的爱得热烈罢了。这世间一切情爱，都有因果，是债就当还，是孽就该了。

江南烟雨，从来都无须约定，就这样不期而至。苍老的院墙，爬满了湿润的青藤和绿苔，遥远的记忆就这样缓慢走近。多少繁华更换了旧物，可我始终相信，每个人心底都有一种难以割舍的江南情结。那烟雨小巷，深深庭院，还有老旧木楼，以及沧桑戏台上那一出没有唱完的社戏，都成了你我心中永远不会终止的牵挂。

如今想来，林徽因和徐志摩为什么会有那么一场刻骨的康桥之恋，一切缘起于这份情结。他们都生长于江南，被温软柔情的山水浸泡太久，以至于心也那样潮湿。异国的一场偶遇，让他们仿佛找到了相同的自我。原本沉静的心开始涌动，原本从容的姿态不再从容。爱情有时候就像放风筝，看着风筝与白云同步，已经难舍难收，就干脆将手中的线扯断，任自飘摇。若是有缘，千山暮雪，万里层云，终会重逢。若是无缘，自此一去，天涯海角，再难相会。

所以林徽因的离去情有可原。她明知如果和徐志摩在一起，人生道路会更加逼仄狭窄。以她的聪慧，宁可亲手扯断命运之线放开心怀，让自己海阔天空，好过将来被别人拆散，落到不能收拾的境地。落寞的徐志摩说了一句落寞又清淡的话："我将于茫茫人海中访我唯一灵魂之伴侣；得之，我幸；不得，我命，如此而已。"

如此而已。多么轻巧的一句话，读者无心，说者有意。得到是幸运，得不到是命定，在已定的现实里，徐志摩只能对命运低头。但他并没有放弃对林徽因的追求，因为他始终相信，他们真爱过一场，真爱，不应该就这样无辜离散。他以为，只要自己选择离婚获取自由，也许还有重新追求林徽因的资格。在他的心里，林徽因这个小小女孩是清纯柔弱的，他把她的不辞而别当作逃避，当作任性。他忽略了，林徽因在某种程度上是个理性的女子，她甚至可以做得比那些张扬的女子更决绝。

林徽因走后，徐志摩一定给她写下不少的书信，只是他那些情真意切的信以及浪漫深情的诗歌还能像当初一样打动林徽因的心吗？这么说，不是意味着林徽因变心了，而是有些感觉一旦失去，就再也不可能回到从前的滋味。尽管如此，徐志摩还是执意要和张幼仪离婚，就算林徽因不再回头，他也要结束这段令他难堪的婚姻，要从这座围城里走出来，从此江湖浪迹，碧海情天。

1922年3月，徐志摩赴德国柏林，经金岳霖、吴经熊做证，终于如愿以偿，与张幼仪离婚。这个多事的春天，林徽因和梁思成的婚事"已有成言"，但未定聘。不知道这是不是所谓的阴差阳错，也不知道这是不是人们常常说起的擦肩？但是在未定的结局面前，徐志摩毅然选择抛弃张幼仪，他认为没有感情的结合是人间最大的悲剧，甚至是残酷的炼狱。只有放手，才是对彼此的仁慈，是对灵魂宽厚的解脱。

平日里，人们论及徐志摩和张幼仪的感情，总说结婚后感情不融洽，离婚后反而互相体贴。然而他们之间到底经历了怎样的过程，我们无从知晓。张幼仪这个温良苦命的女子，对于她和徐志摩的感情一直守口如瓶，纵是徐志摩死去五十多年，她都不曾提起。直至张幼仪去世前，她才将真相说出，原来徐志摩对她确实太过冷酷无情。

写到这儿，我总会想起《人间四月天》这部电视剧里刘若英扮演的张幼仪。戏的开幕，她孤独地行走在异国，那时候徐志摩已经死去，她是在追忆自己的过往前尘。此时的张幼仪，装扮已现风情，会说流利的外语，对周边事物亦没有丝毫的陌生，她脸上的平静有种过尽千帆的人生况味。如今想来，当年一个从中国乡下走出去的凡妇，没有接触过社会名流，她最后可以独立坚强地在国外生存，这期间到底经历了多少不为人知的苦难与磨砺？

如果有一个善待她的丈夫，有一个幸福的家庭，张幼仪的命运或许又是另一番模样。自从徐志摩将张幼仪接下船一起生活后，他对她就是千般冷落。初次漂洋过海，张幼仪对国外的一切都那么陌生，言语不通，习俗不同，对于徐志摩的漠然，她只好独自默默承担。对于在伦敦、沙士顿，以及后来于柏林的那一段生活，本以为徐志摩是儒雅书生，以他的善良，就算不爱张幼仪，也会将其善待。

一切都不是想象的那般，一个男人，一个多情的男子，要他整日面对一个不爱的女人，他所能做的，不是善待，而是思考如何释放压抑的心情。所以要徐志摩与张幼仪相敬如宾，他真的是力不从心。如若林徽因不出现，或许徐志摩对张幼仪的态度可以隐忍些，但是他遇见了生命中至高无上的女神，张幼仪就被他无情地扫落尘埃了，甚至连一丝怜惜都不曾有。或许我们怪不得徐志摩狠心，每个人处理情感的方式不同，这个信奉自由、尊重爱情的男子，在生活中亦无法做到尽善尽美。

徐志摩将一纸无情的离婚书递给了张幼仪，尽管那时候她怀有身孕，徐志摩见张幼仪不答应，竟一走了之，将她一人撇在沙士顿。产期临近，举目无亲的张幼仪只好写信求助于二哥张君劢。后来张幼仪来到巴黎，又去往柏林，生下孩子。徐志摩对于这一切都不予理睬，直到办理离婚手续时，他才找到柏林。这样无情地辜负一个为他生养的女子，纵是才华横溢，还值得我们那么去尊敬吗？

也许我们应该为徐志摩的意乱情迷而原谅他对张幼仪的残忍，只是任何缘由都不能抵消他对一个柔弱女子的冷漠，而一切，缘起于林徽因。所以多年以后，林徽因在病榻上见了张幼仪，她为当年的一段恋情而深感愧疚。其实谁都没有错，都是命定的缘分，来的时候无法躲避，走的时候亦无法挽留。

张幼仪并没有因为徐志摩的辜负而悲痛欲绝，她从悲伤中走出来，最后彻底忘记昨日的阴影，成为一个引人瞩目的新女性。最难能可贵的是，张幼仪回国后照样服侍徐志摩的双亲，精心抚育她和徐志摩的儿子。张幼仪不曾怪怨徐志摩，在她心里，徐志摩是天上的圆月，今生纵是以仰望的姿态也无法企及那种高度。所以后来，她平静了，她不再奢望，只做平凡的自己，在多雨的红尘独自行走，岁岁年年。

很多人想知道张幼仪对徐志摩的感情如何，后来看到张幼仪这么一段自述，让人对她生出敬佩之心。"你总是问我，我爱不爱徐志摩。你晓得，我没办法回答这个问题。我对这问题很迷惑，因为每个人总是告诉我，我为徐志摩做了这么多事，我一定是爱他的。可是，我没办法说什么叫爱，我这辈子从没跟什么人说过'我爱你'。如果照顾徐志摩和他家人叫做爱的话，那我大概爱他吧。在他一生当中遇到的几个女人里面，说不定我最爱他。"

爱到底是什么？爱有许多种，林徽因对徐志摩是爱，张幼仪对徐志摩也是爱，陆小曼对徐志摩同样是爱。只不过，她们有的爱得清澈，有的爱得平和，有的爱得热烈罢了。这世间一切情爱，都有因果，是债就当还，是孽就该了。

落花流水

可人生有太多的无奈，不是所有的真心都会有人珍惜，不是所有的爱都可以得到祝福，不是所有的故事都会有个圆满的结局。

有人说，相爱的人厮守在一起连光阴都是美的。我想，说这句话的人一定是爱过，唯有爱过才可以深刻地体会到那种拥有以及被拥有的甜蜜，仿佛山川草木都有了情感，每寸肌肤都可以在清风朗月下舒展。爱的时候，会发觉自己是最幸福的人，粗衣素布也秀丽，清茶淡饭也温馨。

可人生有太多的无奈，不是所有的真心都会有人珍惜，不是所有的爱都可以得到祝福，不是所有的故事都会有个圆满的结局。每一天，我们都在邂逅；每一天，都会有人遭遇离别；每一天，都在酿造不同的悲欢故事。每个人的一生都要经历平坦与坎坷、欢喜与悲伤、相聚与离散。今天你看大雁南飞，明日又见缺月变圆，有多少繁花满枝，就会有多少秋叶飘零。

我们曾经为一场康桥之恋感动不已，又为那一次刹那别离而黯然叹息。事实上，我们也只不过是看客，至于林徽因选择和谁在一起，选择怎样的人生，与我们没有瓜葛。或许林徽因生命中的三个男子，每个人都会各有偏爱，因为在他们身上体现着不同的人格魅力。所以林徽因这一生周旋在他们之间，有时候连她自己都不知道，到底谁在她的生命中最重要，谁停留的时间最久？

然而，林徽因从来不是一个沉溺于过往的女子，她不会让自己相思泛滥，那些逝去的美好不曾相忘，却被理性地搁在心底，只有在无人的夜晚会独自想起。回国以后，林徽因再度邂逅了梁思成，他们之间有一种久违的熟悉。此时的林徽因比几年前那个小小女孩更加清丽脱俗、曼妙多姿，令梁思成再见倾心，加之双方长辈早有联姻的暗示，所以梁思成对林徽因更是生出爱慕之心。在他的心底，甚至认定林徽因就是他的妻，此生他要定这个美丽无尘的女子。

林徽因刚从一场恋情中逃离而出，但是她依旧淡定自若，没有谁看得出她的悲伤。她的脸上写着清纯美丽，她的眼眸温婉多情，当梁思成为她情难自禁时，那个被抛在天涯的徐志摩正为她神魂颠倒。直到那么一天，徐志摩无奈又情深地对林徽因说："如果有一天我获得了你的爱，那么我飘零的生命就有了归宿，只有爱才可以让我匆匆行进的脚步停下，让我在你的身边停留一小会儿吧，你知道忧伤正像锯子锯着我的灵魂……"

林徽因真的无动于衷吗？不是的，她比任何人都懂得徐志摩的心性，懂得他的浪漫与痴情。只是林徽因给得起徐志摩灵魂的归宿，却给不起现实的安稳。她亦曾想过不顾一切为一段爱情执着不悔，可那些没来由的现实让她仓皇却步。她选择在最灿烂的时候潜逃，让爱情散落成风尘。

可真的不爱了吗？林徽因与梁思成的重逢，意味着她和徐志摩之间如一盏泡过的新茶，慢慢淡去。也许是为了忘记，林徽因没有拒绝梁思成对她的追求，他们时常在环境优美的北海公园游玩，一起逛太庙，有时又去清华学堂看梁思成参加音乐演出。尽管梁思成没有徐志摩那种诗人的浪漫与柔情，可林徽因喜欢和他在一起的感觉。和梁思成在一起，时光仿佛永远都是灿烂温暖的，而徐志摩给她的感觉，永远都是潮湿的雨季，是新月朦胧的夜晚。

人的一生不可能永远生活在梦中。看过《牡丹亭》的林徽因，也曾想过在一场梨花似雪的梦中沉醉，不再醒来。但是梦终会醒，醒来之后，那种无边的落寞袭来，让你的心更加荒芜。就像戏中的杜丽娘，在牡丹亭畔、湖山石边做了一场游园惊梦。梦里千般爱惜，万种温存，醒后相思成疾，一病不起。看那姹紫嫣红的春光，总怕光阴如白驹过隙，将青春抛得甚远。美丽多情的林徽因，只想在年华初好的时候梦一回，梦一回就好。

旧情终难了，再清醒的人也难免自迷。1922年9月，徐志摩乘船回国，10月抵达上海，不久北上来京，与林徽因重逢。此时的徐志摩已是自由之身，他对林徽因仍旧念念不忘。当初林徽因不辞而别，并没有给他任何理由，所以他始终不相信那个与他许过不离不弃的女子会这样轻易改变。假如当初因为徐志摩有家室，他和林徽因之间有了巨大的阻碍，如今他单身只影，林徽因是否还要顾虑许多？

也许徐志摩从来都不曾真正了解林徽因，不知道这个柔弱女子有着一颗怎样淡然隐忍的心。当徐志摩看到与自己在康桥热恋过的女子如今和梁思成成了众人心中郎才女貌的一对，那种落寞与羞愧令他无以复加。因为不忍放弃，徐志摩经常去恩师梁启超家做客，还要装作若无其事的样子。梁思成是好客的，而林徽因脸上永远都绽放着甜美的微笑，仿佛她和徐志摩之间从来不曾发生过什么。他们愉悦地相处，谈理想，谈人生，亦漫不经心地论诗歌，可内心，真的平静无波吗？

聪明的林徽因深刻地感觉到徐志摩对她痴心不改，可她已将过往的情愫深埋，那种沉静甚至让徐志摩有些惧怕，他几乎连看她眼神的勇气都没有，他怕从她清澈如水的眸子里，找不到丝毫过往的影子，寻不到些许昨日的温情。于是，他总是让自己陷入回忆，假装他们还在伦敦迷蒙的雨雾中漫步，还偎依在壁炉边烤火品咖啡，还在康桥的柔波里撑船划桨。时光不是仍在吗？可消逝的究竟是什么？

回不去了，真的回不去了。爱上这句话，已是很多年前，每个经历过沧海桑田的人都曾说过这句话，爱过这句话。爱得无奈，爱到心痛。多少情缘匆匆来去，到最后，我们都成了那个拾捡往事的人。看着行色匆匆的过客，然后感慨万千地说了同一句话：回不去了，真的回不去了。

看着林徽因那种淡定自若的模样，徐志摩知道，往日的情意已散落在风中，成了无可奈何的追忆。真的是情到深时情转薄吗？他们之间仿佛是一场戏，刚刚开始，还来不及演绎就已经仓促谢幕。徐志摩还没有卸下装扮，林徽因已经换了另一个角色，一个令他琢磨不透的角色。但他依旧守着那座舞台痴心地等待，等他深爱的女子有一天回眸将他寻找。

尽管徐志摩生命里走过许多女子，除了张幼仪、林徽因、陆小曼，还有凌叔华和韩湘眉，甚至在国外，亦有许多女子爱慕他，但徐志摩真正深爱的女子是林徽因和陆小曼。在与陆小曼刻骨相爱之前，他的心里始终对林徽因念念不忘。而林徽因对徐志摩的爱，又何曾放下过？只是每个人爱的方式不同，选择的生活不同，所以曾经相爱的人会因为诸多的不同，而彼此渐行渐远。

其实人间情爱莫过如此，你爱我，我爱他，他爱你。你爱的人未必会爱你，爱你的人你未必会爱他。相爱的人未必可以在一起，不相爱的人在一起未必不会幸福。所以至今，我们都无法真正分辨出，落花与流水到底是谁有情、谁无意。又或许并无情意之说，不过是红尘中的一场偶遇，一旦分别，两无痕迹。

烟火幸福

选择梁思成意味着过细水长流的日子，选择徐志摩意味着过诗情画意的光阴。林徽因要的终究是寻常的幸福，所以此生注定与徐志摩擦肩。

相信看过《上海滩》的人，都无法忘记许文强和冯程程的那段生死之恋。在风起云涌的上海滩，想要一段安稳的爱情实在太难。和许文强在一起，冯程程过得太辛苦。许文强说过一句话，他知道这世上再也没有谁会像冯程程那么爱他。可许文强永远给不起程程现世的安宁，痛彻心扉之后，冯程程选择了丁力，一个她从来都不爱的男子。可就是这个男子，会为她在雨中撑伞，会在她哭时递上一块手帕，会为她削一辈子的梨，会在她需要的时候永远陪伴在身边。

有时候，对一个女子来说，安稳比爱情更重要。真正爱一个人，是成全她的一切，容忍她的一切。下雨的时候，给她撑一把油纸伞；寒冷的时候，给她一个温暖的臂弯；天黑了，永远有一盏灯为她点亮；晨起时，给她一缕温暖的阳光。我想世间平凡女子需要的就是这般寻常的爱，一种烟火的幸福，不浓郁，但经久。冯程程要的是这种爱，林徽因要的也是这种爱，凡尘许多女子要的都是这种爱。

　　就算后来那个风情万种的陆小曼，要的也是烟火的幸福，只不过，她要的是一种极致。这个能歌善舞的女子太过奢侈任性，太过懒散贪玩。她仗着徐志摩的宠爱，尽情地挥霍光阴，挥霍钱财，打牌、听戏、跳舞、喝酒，直至吸鸦片，而徐志摩依旧对她千恩万宠。他在几所大学教书，只为挣更多的家用任由陆小曼肆意挥霍。所以我总说陆小曼像罂粟，风华得惊世，又落魄得倾城，让中毒的徐志摩最后穿肠而死。试问，寻常男子又岂能要得起这样的女子，这样的爱？

　　林徽因终究是淡然的，她不敢像陆小曼那样不惧红尘，去要波澜壮阔的爱情。陆小曼为了和徐志摩一起燃烧，她不顾一切要与王赓离婚，甚至不惜打掉肚子里的孩子，还因手术失败落得终身不得生育的遗憾。可她无悔，她敢为爱生、为爱死。徐志摩和陆小曼的爱情从来就没有赢得过任何人的祝福，但他们不屑于别人的眼目，只为自己的爱情而活。纵然他们在一起的时光未必都是美好，尤其到了最后，陆小曼的任性使他们彼此之间有了很多矛盾，但是他们愿意为爱情焚烧，一起化为灰烬亦甘心。

　　时过境迁，尽管林徽因对徐志摩再不是从前滋味，但她从未真正对他有过任何的解释，那种淡然自若的态度令徐志摩进退两难。1923年春天，徐志摩和胡适、闻一多、梁实秋等人成立了新月社，林徽因也参加了。有人说，社名是徐志摩依据泰戈尔诗集《新月集》而起的，意在"它那纤弱的一弯分明暗示着、怀抱着未来的圆满"。徐志摩觉得，唯有和林徽因在一起谈论诗歌的时候，才能在她的眼眸里找回一些当年的感觉。只是那微乎其微的诗意与柔情，如何能够填补他对她热切的渴望。

梁思成不会不明白林徽因和徐志摩之间微妙的感情，但他知道，林徽因是那颗璀璨的星子，她的光芒令许多男子仰望，他也不过和徐志摩一样，是林徽因美丽裙裾边的一株草木，甚至还不及徐志摩那样出众。但近水楼台先得月，梁思成和林徽因相处的机会更多。梁思成没有徐志摩那样的浪漫，但林徽因和他在一起觉得踏实自在，他们之间没有多少风花雪月，有的只是平常的快乐。

如果说徐志摩是林徽因梦中一切美好的想象，那么梁思成则给了她现实的安稳。和徐志摩在一起，林徽因的思绪仿佛永远沉浸在诗境里，始终忘不了伦敦那迷离的雨雾。和梁思成相处，则让她感觉到阳光下那些粉尘落在手背的真实。她甚至有时贪婪地希望可以拥有这两份情感。只是春花秋月再美，也还是离不开一粥一饭的生活。

这段时间，林徽因一直在梦与醒之间徘徊。然而，一场意外的车祸让林徽因和梁思成之间的情感有了快速的增进。1923年5月7日，梁思成骑摩托车和弟弟梁思永上街参加"二十一条"国耻纪念日示威游行，摩托车行到南长安街口时被北洋军阀金永炎的汽车撞倒。林徽因闻得此消息，心慌意乱，长久以来，她已视梁思成为亲人。梁家两弟兄住院治疗，梁思永伤轻，不几日出院，梁思成却伤了筋骨落下残疾，左腿比右腿短了小小一截。

梁思成因车祸住院的这段时间，林徽因每天去医院对他进行无微不至的照顾。那时恰值初夏时节，天气炎热，梁思成经常汗水沾身，而林徽因亦顾不得避讳为他擦拭。他们之间自恋爱以来，从未有过如此频繁亲密的接近，这次有惊无险的意外令林徽因深刻地懂得，她和梁思成不能再轻易别离。而她想要的，是一份真实的情感，是可以一起牵手漫步的温暖，是为他洗手做羹汤的简单幸福。

许多人失去了才知道珍惜，上苍给了林徽因弥补的机会，在一切还来得及的时候，她选择重新安排自己的缘分。倘若没有这次车祸，也许林徽因依旧徜徉在徐志摩和梁思成之间苦恼不已。命运就是这样，在你迷茫的时候会给你暗示，让你选择自己所要走的路。而每一次抉择都有得有失，选择梁思成意味着过细水长流的日子，选择徐志摩意味着过诗情画意的光阴。林徽因要的终究是寻常的幸福，所以此生注定与徐志摩擦肩。

后来的日子，林徽因经常与表姐王孟瑜、曾语儿参加新月社俱乐部文学、游艺活动。尽管她和徐志摩还时常会有交集，但她已经明白自己今后要走的路，再不敢任性地辜负他们。因为车祸，本来梁思成计划1923年赴美留学的日期只得推迟一年。梁思成的推迟刚好等到了林徽因在培华女中的毕业，并且她考取了半官费留学。这场车祸又成全了一件美事，二人得以一同漂洋过海，也算得上比翼双飞。

每个人的一生都在演绎一幕又一幕的戏，或真或假，或长或短，或悲或喜。你在这场戏中扮演那个我，我在那场戏里扮演这个你，各自微笑，各自流泪。一场戏的结束意味着另一场戏的开始，所以我们不必过于沉浸在昨天。你记住也好，你忘了也罢，生命本是场轮回，来来去去，何曾有过丝毫的停歇。

爱是修行

世间风景万千，很多时候我们无法分辨清谁是你要的那杯茶，谁是你沧海桑田的家。有些人看上去很好，却不能和你一起面对风浪；有些人看似浪子，却是你真正的归宿。而这一切，在你遇到人生的坎时，便自见分晓。

他们说，爱是一场修行。想必看过这句话的人都会不由自主地心动。在漫长又短暂的人生旅程中，我们所能做的，就是一路修行，最终得到一种所谓的圆满。可真正修成正果的能有几人？爱是什么？爱是茫茫人海中不期然的相遇，是万家灯火里那一扇开启的幽窗，是茂密森林里的那一树葱茏的菩提。修行的路，不是挥舞剑花那般行云流水，而是像一首平仄的绝句，意境优美，起落有致。

他们又说，爱是一种信仰。为了这份洁净又神圣的信仰，许多人穷其一生去追寻，尽管最终未必可以得到你想要的结果。只是，在爱恨迷离、冷暖交织的红尘路上，每个人沿着心中所期待的方向前行，都应该一往无悔。因为任何的彷徨与踌躇都是对光阴的辜负，有朝一日，青春被没收，我们连做梦的资格都没有。

你是我种下的前因，而我又是谁的果报。世间风景万千，很多时候我们无法分辨清谁是你要的那杯茶，谁是你沧海桑田的家。有些人看上去很好，却不能和你一起面对风浪；有些人看似浪子，却是你真正的归宿。而这一切，在你遇到人生的坎时，便自见分晓。

真正爱过的人，他们的缘分是不会因为其中一个人转弯就戛然而止的。林徽因虽然选择了梁思成，但她和徐志摩亦做了一生的朋友，在她人生欣喜或失落之时，想到的终究还是曾经交过心的男子。在林徽因和梁思成双双漂洋过海之前，印度诗哲泰戈尔来华访问，他的到来再度给了林徽因和徐志摩相处的机会。

1924年4月23日，泰戈尔在日坛草坪讲演，林徽因搀扶他上台，徐志摩担任翻译。当时媒体说："林小姐人艳如花，和老诗人挟臂而行；加上长袍白面、郊寒岛瘦的徐志摩，有如苍松竹梅一幅三友图。"而这些，一时间成为京城美谈。

在泰戈尔眼里，徐志摩和林徽因郎才女貌，是天造地设的一对玉人。那时候，许多人都已经知道林徽因和梁思成在热恋中，只是还没有行文定礼。或许在世人眼中，林徽因应该和徐志摩携手共赴红尘情路。他们不明白，以林徽因的诗情和美貌为什么不选择风流才子徐志摩，而钟情于梁思成。

这么说，并不代表梁思成身无长处，梁思成亦是当时的青年才俊，更是梁启超的长公子，只是论及文学上的才华，徐志摩远胜于他。林徽因和徐志摩站在一起，就是一道让人看了忘不了的风景，任何时候都赏心悦目。想来许多人都知道徐志摩和林徽因之间有过一场浪漫刻骨的康桥之恋，如今徐志摩已经离婚，可林徽因依旧决绝地离他而去。她的选择令很多人不明白，但是每个人都应该尊重别人的选择，因为谁也不能代替谁的人生。

5月8日是泰戈尔先生六十四岁寿辰，为了庆祝他的生日，新月社的成员用英语编排了泰戈尔的剧作《齐德拉》。林徽因饰公主齐德拉，徐志摩饰爱神玛达那。或许是因为两个人曾经本就是一对恋人，又真心地相爱过，他们将戏下的情愫带进了戏里，所以舞台上，他们很快就投入各自的角色，演得惟妙惟肖，惹得台下看客掌声不断。

原本旧情难忘的徐志摩在舞台上又重新找回了当年康桥时的感觉，林徽因无与伦比的美丽令徐志摩产生了许多幻觉。台上的他们几乎忘记自己是在演戏，误以为一切都是真的，那份感情原来一直都不曾丢失，一直都在。台下的人都被他们的演技打动，就连不懂英文的梁启超都看出了端倪，有些不痛快，而梁思成当时的心情可想而知。

直到戏落幕，林徽因和徐志摩才恍然醒转，原来刚才的一切只是一场戏。一场戏，拉近了徐志摩和林徽因的距离，也令他们再次跌进情感的泥淖，惹来无限迷离。那时，与他们相熟的朋友开始猜测，这位美艳如花的女人究竟会选择浪漫洒脱的徐志摩，还是儒雅稳重的梁思成。

这几年苦苦压制的情感竟在这短暂的瞬间被瓦解，可林徽因心底明白，她所能做的，就是趁还没有再次沦陷的时候尽快逃离。她必须逃，唯有远离徐志摩，她的心才能渐次平静。否则，不但伤了自己，还将再次伤害他们。

偏生泰戈尔在京最喜欢的就是徐志摩和林徽因，所以他参加的诸多活动，徐志摩和林徽因都在场，他们一起游玩京城，一起拜会了溥仪、颜惠庆。诗人在一起谈论的话题永远都是那么风情万种，一朵飞絮都有了韵致，一粒微尘都成为向往，一个擦肩的路人都是前世的约定。骨子里本就浪漫的林徽因又怎能禁得起这些柔软事物的诱惑，每一次与徐志摩对视都令她意乱情迷。

为了不让错误继续下去，林徽因极力让自己从梦境里清醒过来。5月17日，林徽因单独约见了徐志摩。薄暮的黄昏，一弯新月挂在柳梢，痴情的徐志摩以为如此美好的意境是为了给他和林徽因营造浪漫的气氛。没承想，林徽因道出的却是别离，她告诉徐志摩，彼此选择好自己的方向，认清适合自己的生活模样，再不要交集。

徐志摩不明白，他和林徽因明明是相爱的，为什么她要这样一次又一次决绝转身。浮世红尘，相遇已经很不易，相爱更不知道要修炼多少年。如此深刻的缘分她不去好好珍惜，竟要这样辜负。或许徐志摩不明白，林徽因爱他是一种幻境，爱梁思成是一种真实。她是一个优雅的女子，任何时候都不会让自己狼狈。

我们无从得知那个夜晚林徽因和徐志摩之间的谈话，但我们都知道，他们没能在一起。与林徽因携手天涯的是建筑学家梁思成，他们相互提携几十载，为建筑事业做出巨大的努力和不朽的贡献。也许风花雪月只是林徽因偶尔想要品尝的一杯咖啡，而凡尘烟火才是她要的真实生活。

也许林徽因为自己的转身找了一个苍白的借口，也许她许诺了徐志摩来生，因为那些给不起今生的人，都愿意将遗憾托付给来生。他们认为今生的遗憾，来世可以弥补，今生来不及唱完的那出戏，来世还可以再度演绎。想起冰心的一句话：“如果今生是无趣的，那么我不要来生；如果今生是有趣的，那么我有今生便足够了。”是啊，来生只不过是一个遥不可及的梦，给不起任何人实在的安慰，可薄弱的我们还是需要借助这些虚妄的梦支撑着走完漫漫人生路。

　　都说时间是最好的良药，当你觉得力不从心的时候，莫如将一切交付时间，它会让你把该忘记的都忘记，让你漫不经心地从一个故事走进另一个故事。

各自安好

> 每一段缘分，每一个故事，都意义非凡，耐人寻味。而人生聚散原本寻常，缘来缘去皆已注定，有时候，离别是为了更好的相逢。

我一直以为，既被上苍安排到了尘世生而为人，就免不了在人间应景。红尘之中，有许多课程是你我必须修炼的，尽管许多时候我们并不愿意去追求。倘若不修，就注定要被抛弃，注定成不了正果。

这世上应景的又何止是人，凡尘万物皆如此。草木山石、飞禽虫蚁，都有其无法推卸的使命。它们的到来，也许有前世今生之约，为了某个人，为了某种生物。我相信，每一段缘分，每一个故事，都意义非凡，耐人寻味。而人生聚散原本寻常，缘来缘去皆已注定，有时候，离别是为了更好的相逢。

那时候，林徽因已对徐志摩表明心迹，她的决定再不容许有丝毫的更改。1924年5月20日夜，泰戈尔离开北京去太原，再从香港经日本回国，而这一路，徐志摩一直陪同。林徽因和梁思成等人到车站为他们送别，看着林徽因从此和梁思成成为眷属，徐志摩心痛不已。那种无以名状的惆怅萦绕在每个人的心中，只是每个人所悲伤的事情不同而已。

泰戈尔作了一首小诗送给林徽因："蔚蓝的天空／俯瞰苍翠的森林／它们中间／吹过一阵喟叹的清风。"想来，这位浪漫的诗人一定将天空暗喻成徐志摩，而那碧绿一定是林徽因了。这两位原本应该相爱相守的恋人，却注定要天涯相忘，再不能携手人间。泰戈尔所能做的，唯有淡淡叹息，祝福他们从此各自安好。

最是伤怀的当为徐志摩，他透过车窗，看到林徽因和梁思成伫立在一起，连一句道别的话都不知道该如何说起。想着此番一去，天各一方，再相逢已不知是何时，他忍不住热泪盈眶。他取出纸笔，想在火车开前写一封简短的信交给林徽因诉说心怀。

落笔几行，徐志摩知道这是一封寄不出的书信。车窗外的林徽因不会不知道徐志摩的心情，亦懂得他的黯然神伤，可此时若对他慈悲，就是将来的残忍。她知道，车窗内有一双眼睛正看着她，带着忧伤的怪怨、不舍的遗憾，她给不起他任何的安慰。火车已经开动了，徐志摩看着林徽因那纤柔的身影，她挥手道别的淡淡无奈，终于落泪了。

都说男儿有泪不轻弹，只因未到伤心处。徐志摩是真的伤心了，自从邂逅林徽因，发生了那段康桥之恋，他的心就没有停止过燃烧。为了林徽因，他决然离婚，算得上抛妻弃子。为了林徽因，他丢下所有骄傲，出入梁府，不顾身份跟随她和梁思成。为了林徽因，原本多情的他，如今摒弃繁华诱惑，独为她痴痴守候风雨几载。自从遇见林徽因，徐志摩的诗情似幽涧的清泉奔流不止。他曾说过："我最早写诗那半年，生命受了一种伟大力量的震撼，什么半成熟的未成熟的意念都在指顾间散作缤纷的花雨。"人在爱的时候，总会被某种神奇的力量牵引，做出许多你曾经想做却做不到的事。徐志摩是诗客，所以林徽因是他灵感的源泉。许多时候他觉得，文字是为她而生，一如他来到人间，是因了她的存在。

如果没有遇见，徐志摩和林徽因的人生都不会是这般模样，他们的存在也许会因为缺少这段情感而索然无味。有些人，有些情，是无从代替的。纵然后来徐志摩有了陆小曼，但是林徽因一直安稳地住在他心底，不曾有过真正的别离。他们都记得，在那段锦瑟光年里，他们曾经那样地相爱过、拥有过，真的足矣。

徐志摩走了，这年6月，林徽因也走了，她随梁思成前往美国留学，7月7日抵达伊萨卡康奈尔大学。林徽因选了户外写生和高等代数两门课程；梁思成选水彩静物、户外写生和三角三门课程。9月，他们结束康校暑期课程。

林徽因和梁思成来到宾夕法尼亚大学不久，梁思成的母亲病重。更让林徽因伤心的，则是梁思成的母亲李氏对她一直不喜欢，甚至说出至死都不接受林徽因的话语。或许很多人都不明白，美丽清纯、才华出众的林徽因为什么会讨不到一个老太太的欢心。想来正是林徽因的风华绝代令梁思成的母亲有了危机之感，再者她怎能不知道林徽因和徐志摩之间的那层暧昧关系，作为一个母亲，她希望自己的儿媳妇可以像白纸一样洁净。

　　人和人之间的相遇相识都是一个缘字，或许林徽因和李氏就缺了这个字，无缘，就算做再多的努力也于事无补。骄傲的林徽因如何能够忍受梁思成母亲对她的侮辱，对她来说，人格和尊严高于一切。倘若不是因为惧怕红尘的无情刀剑，林徽因又怎会那样决绝地离开徐志摩，选择和梁思成共赴人生之旅。梁思成母亲对她的偏见令林徽因心灰意冷。

　　失落之余，林徽因更加怀念徐志摩，怀念他们在一起时度过的浪漫时光。她甚至会问自己，当初的选择真的是对的吗？林徽因给远在北京的徐志摩写了一封信，信中有这么一句话："……我的朋友，我不要求你做别的什么，只求你给我个快信，单说你一切平安，多少也叫我心安……"林徽因写这封信时，心中含着委屈，亦带着牵挂和些许愧疚。她虽然与徐志摩道过别离，但是从来就没有心安理得过，因为她始终觉得亏欠他一个理由。

　　当徐志摩收到林徽因这封信后，那颗本已冷寂的心又在瞬间燃烧。他以最快的速度回了一封信，又快速去邮局发了电文。因为急切，信里的内容甚至有些词不达意。但徐志摩知道，林徽因读得懂他的心声，哪怕他回寄一张白纸，那个冰雪聪明的女子亦能读到别人读不出的况味。尽管他明白，林徽因的信并不意味着什么，但在她悲伤难耐的时候，能够想到他，他觉得已经足矣。

　　林徽因收到徐志摩电文的时候，她已经躺在病床上，接连几日的高烧让她觉得像骨头散了架似的疼。人在生病的时候才明白，这世上无论怎样的至亲，怎样的至爱，都不能代替你去病，代替你去痛。心灵的痛，身体的痛，都只能自己一个人承担。但徐志摩的信依旧给她带来了许多的安慰，就像一帖沁凉的药敷在她的伤口，减缓了疼痛，令她产生甜蜜的幻觉。那时候，他们在天涯一方，泪流不止。

流水过往，一去不返，可为什么人总是在悲伤惆怅的时候无法抑制地怀念从前？或许因为我们都太过凡庸，经不起平淡流年日复一日的熬煮。想当初站在离别的渡口，多少人说出誓死不回头的话语。到最后，偏生是那些人需要依靠回忆度日，将泛黄了的青春书册一遍又一遍翻出来阅读。

其实谁都没有错，都是命定的缘分，来的时候无法躲避，走的时候亦无法挽留。

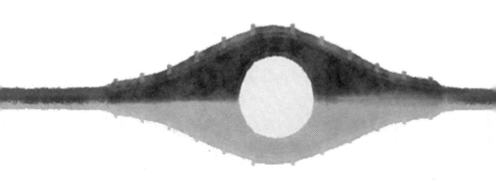

·第四卷·

漫步红尘烟火里

陌路交集

曾经结过那么一段美丽的尘缘，那么温柔地相爱过，真的足矣。而彼此似乎给灵魂找到最安稳的归宿，再也无须惧怕奔走于滔滔浊世会颠沛流离。

人在梦中，总是可以随心所欲，犯下的错可以不去弥补，闯出的祸无须承担。可一旦醒来，飘荡的灵魂始终还是要寻找一个安稳的归宿。泡一壶闲茶，在午后的阳光下看着自己的影子，对往事做一次彻底的怀想。这样的感觉固然美好，可是灯火阑珊之时，一切都该结束，而你我依旧要独自面对人世纷扰、市井繁华。

病过一场的林徽因，好了之后重新面对生活。然而，就在1924年9月，梁思成的母亲李惠仙病故，这个与林徽因无缘的老太太辞世，是否是对他们爱情的成全？但是李氏死后的几个月，林徽因和梁思成有如在刀山剑树上过活，很是艰辛。好在时光过去也快，无论是快乐还是悲伤，都将以同样的速度离你而去，不复重来。

1925年，二十一岁的林徽因在宾夕法尼亚大学学习。日子仿佛又回到以往的平静，她和徐志摩就像两片流云，顺着自己的人生方向漂浮，因为同在一片天空，难免会有短暂的交集，之后，依旧是长久的分离。总以为离别会带来永无休止的牵挂和痛苦，原来人世万事经历多了，习惯就好。就像一杯苦涩的咖啡，你沉浸在浓郁的芬芳里，全然忘了品尝的过程和品后的滋味。

当林徽因和梁思成在宾大过着咸淡恰好、冷暖适宜的生活时，徐志摩已经开始和陆小曼有了美丽的邂逅与深刻的重逢。林徽因和梁思成的感情是一杯白开水，没有几多值得令人品尝的滋味，却也可口怡人。陆小曼和徐志摩的爱情则是一杯深藏经年的红酒，一旦开启，那馥郁醇厚的芳香令人沾唇即醉。

徐志摩初识陆小曼，应该是在泰戈尔六十四岁寿辰的那一日。当时林徽因和徐志摩是主角，共演了一场诗剧，而陆小曼只是台下的一位看客。陆小曼是一位能诗善画、歌舞双绝的才女，这样一个性情之人奉父母之命嫁给了不解风情的王赓。因为性情爱好不合，婚后生活的乏味且不愉快可想而知。可陆小曼是个骄傲的人，从不愿让世人看到她的失意，所以在外人面前，她永远都是那么风情美丽。

陆小曼的落寞终究还是被最解风情的徐志摩发觉，并且就那样不经意地闯入她的心扉。那时的徐志摩亦是感情的失意者，林徽因和梁思成的比翼双飞让他心灰意冷。同是天涯沦落人，两颗寒冷的心偎依在一起便有了温度。陆小曼不同于林徽因，她虽亦是京城名媛，但她风华、招摇、妩媚、叛逆，王赓的庸常根本无法填满她骨子里需要的激情，无法在她心河里溅起激荡的浪花。

浪漫多情的徐志摩可以读懂陆小曼眼中的秘密，知道这位风情女子内心深处需要热烈的焚烧。而徐志摩对林徽因苦苦压抑数年的情感，亦需要一次彻底的释放。所以，这样的两个人一旦拥抱，再无任何力量可以将他们分开。有人说，徐志摩和陆小曼相爱是为了将林徽因忘记，为了让自己从那段无果的爱情中解脱。也有人说，徐志摩本身就是一团火焰，林徽因清澈得就像一潭幽泉，无论他有多么爱她，始终都不能满足他内心的热望。

不管是何种原因，徐志摩和陆小曼经历了千般磨难，最终才得以携手相伴。陆小曼为了要和徐志摩在一起，与王赓离婚，不惜流掉腹中胎儿。而徐志摩亦不顾家人反对，至死要和陆小曼在一起，不再分离。当初他错失了林徽因，如今他再也不能错过陆小曼。他们的爱情在当时可谓是波澜壮阔，惊天动地。但是徐志摩和陆小曼都是敢于承担的人，他们不惧怕一切红尘风雨，不屑于世俗的目光，也不需要任何人的祝福。

1926年10月，徐志摩终于和陆小曼结婚。据说他们当时的结合遭到了许多人的误解，无论是亲人还是朋友，对他们的感情都持反对的态度，认为他们用情不专、太过自私。但他们顾不了那许多，婚后二人每天风花雪月，帷帐里温情缱绻。他们在徐志摩的老家过了一段如胶似漆的恩爱生活，后因战乱重返上海。

很多人都想知道，徐志摩和陆小曼的热恋是否会给林徽因带来巨大的冲击。林徽因比任何人都懂得徐志摩为什么会和陆小曼这样不顾一切地深刻相爱。她的放手，令视爱情如生命的徐志摩魂魄无依。倘若她真的爱他，应该为他可以重新找到一段爱情而备感欣慰，甚至捎去她真挚的祝福。而淡然如水的林徽因，应该佩服像陆小曼这样敢于为爱不惜一切的女子，她做了自己不敢做的、不能做的。

林徽因所能做的也只是祝福，她不能因为自己不敢热恋拥有，还自私地希望徐志摩默默守护、挚爱她一生。这世间也只有一个金岳霖，追随她一辈子，毫无怨悔。徐志摩从来都是一个需要情感滋养的男子，所以他以如此热烈的方式来爱陆小曼一点也不为过。林徽因纵算有淡淡失落，也该隐藏在心底，这杯苦酒只好独自下咽，不与任何人说起。

据说，徐志摩的前妻张幼仪从来都没有怪过陆小曼，但她心里怨过林徽因。她怨林徽因，不是因为林徽因的出现拆散了她与徐志摩的婚姻，而是怨林徽因既然和徐志摩相爱，到最后却没有勇气和他在一起。可见张幼仪对徐志摩自始至终都是痴心一片，她的爱不惊不扰，却足以令人落泪。

如此说，并不是要指责林徽因多么自私懦弱。每个人对待爱情的方式不同，她不是张幼仪，要唯诺地爱徐志摩一辈子；也不是陆小曼，要为一段爱情粉身碎骨才肯罢休。她只是一个清淡如莲的女子，尽管也渴望一段浪漫美丽的爱情，但让她选择，她要的是现世安稳，所以无悔错过。徐志摩并没有因为有了陆小曼而将林徽因彻底从生命里拔出，他对林徽因的爱不会因为任何人更改，那片真情犹如玉壶冰心藏于灵魂最深处，只是不再轻易碰触。

1925年，东北军将领郭松龄在滦州倒戈反奉。12月，林长民参加反张作霖战争被流弹击中身亡。父亲的亡故，使林徽因在梁启超的资助下才可继续宾大的学业。1927年，林徽因结束宾大学业，得学士学位，后入耶鲁大学戏剧学院，在帕克教授工作室学习了半年的舞台美术设计。12月18日，梁启超在北京为梁思成、林徽因的婚事"行文定礼"。

或许对于林徽因来说，徐志摩和陆小曼的结合让她可以更加心安理得地嫁给梁思成。她从此可以不再背负愧疚，亦可以和徐志摩做一生的知己。只需记得，曾经结过那么一段美丽的尘缘，那么温柔地相爱过，真的足矣。而彼此似乎给灵魂找到最安稳的归宿，再也无须惧怕奔走于滔滔浊世会颠沛流离。

诗情画意只能偶尔点缀日子，并不能当作生活的全部。真正懂得生活的人会知道，柴米油盐酱醋茶是真实的烟火幸福，琴棋书画诗酒花只可以怡情养性。

人总是在祈求圆满，觉得好茶需要配好壶，好花需要配好瓶，而佳人也自当配才子。却不知道，有时候缺憾是一种美丽，随性更能怡情，太过精致，太过完美，反而要惊心度日。既是打算在人世生存，就不要奢求许多，不要问太多为什么，且当每一条路都是荒径，每一个人都是过客，每一片记忆都是曾经。

生活中，我们时常不能理解，许多貌美如花的女子为何会选择一个平淡无奇的男子。但这个男子一定有某个方面将她打动，有着不为外人所知的长处。许多时候是我们一厢情愿在感叹，而别人其实很满足、很幸福。

在世人眼里，林徽因和梁思成又何尝不是郎才女貌，一起留洋深造，一起用现代科学方法研究中国古代建筑。只是那些爱做梦的青年始终认为林徽因和徐志摩才是最般配的一对。年少的他们不知道现实有多么的酷冷，诗情画意只能偶尔点缀日子，并不能当作生活的全部。真正懂得生活的人会知道，柴米油盐酱醋茶是真实的烟火幸福，琴棋书画诗酒花只可以怡情养性。

走过那段多梦的青春岁月，我们的肩上就多了一份责任，思想也更加理性，爱也不再轻浮，而是稳重深沉。不知是谁说的，爱一个人，未必要拥有，只要知道她在，知道她好，就足矣。所以徐志摩后来爱上陆小曼，娶了陆小曼，他也很安心，因为他知道，林徽因一直在，并且会很幸福。只是徐志摩和林徽因以为可以做到相忘江湖，但每次又会在山穷水尽中悄然相见，算来是缘分太深，所以才这般不离不舍。

也许一切都该尘埃落定，你有你的港湾，我有我的归宿。1928年3月，二十四岁的林徽因和梁思成在加拿大渥太华的思成姐姐家结婚。这对恋人终于如愿以偿结为伴侣，共度漫漫人生。或许是因为彼此早在很久以前就知晓结局，所以没有多少惊喜，一切都很平静，很安宁。结婚之后他们按照梁启超的安排，赴欧洲参观古建筑，于8月18日回京。回京不久，梁思成、林徽因先后受聘于东北大学建筑系，分别被任命为主任、教授。

婚前，梁思成问林徽因："有一句话，我只问这一次，以后都不会再问，为什么是我？"林徽因答："答案很长，我得用一生去回答你，准备好听我了吗？"这是一个多么有韵味又特别的女人，在梁思成眼中，她原本就是谜一样美丽的女子，如今更要为她这句话细细地守候呵护她一生了。

日子如水，林徽因沿着这条适合自己的人生道路行走，虽没有无限锦绣，却也山水相宜。对于她来说，这才是生活，这样的生活虽然平淡简单，却永远不会孤绝和贫瘠。林徽因当初的选择是对的，她这一生虽算不上完美无缺，但是她过得波澜不惊，清宁安稳。无论是文学上的成就，还是建筑事业上的成就，都让人钦佩仰慕。许多人说，她活得太清白了，清白得就像那轮遥挂在中天的明月，让人不敢亦不忍亲近，生怕她的洁净会照见自己的污浊。

所以人艳如花的林徽因虽然美丽动人，赢得那个年代诸多人的喜爱，但她亦是寂寞的，她的寂寞源于她的清白。尽管她努力让自己俯落尘埃，与众生一起尝饮这人间烟火，可她骨子里清绝的气韵打出生的时候就跟随她，陪伴了一辈子，不离不弃。在那个才女如云的时代，林徽因始终做了唯一，她以绝代姿容、旷世才情、冰洁风雅让三个最优秀的男子深爱一辈子。那么多的女子为了爱情将自己伤得千疮百孔、支离破碎，唯独林徽因没有那些悲绝的回忆。

林徽因的洁净不禁让我想起了《红楼梦》里的林黛玉，那个美丽绝伦、质本洁来还洁去的女子。林黛玉是仙，是天下掉下来的林妹妹，她来凡尘是为了还债，所以她一直以孤绝的姿态生存于世，纵是在钩心斗角的贾府，始终不改她初时性情。所以无论她多么爱贾宝玉，终究要与他错过，世人所能做的，也只是扼腕叹息。她是浪漫的，她的浪漫敢于冲破世俗藩篱；她是痴情的，她的痴情敢于为爱奉献青春和生命。她不惧怕失败，怕的是这世间无情道场，其实她没有输，她赢得了贾宝玉一生的爱情。她的死，只是因为孽债了却，不如归去。

林徽因与林黛玉的确有相似之处，但她们是截然不同的两个人。林徽因虽洁净出尘，喜爱浪漫，可她不清高遗世，她向往烟火、惧怕孤独。如果说爱情是一场赌博，林黛玉压下去的筹码是所有的青春，而林徽因压的筹码则是一小段青涩寂寞的时光。因为林徽因输不起，她希望自己可以活到白发苍苍，可以到老的时候有漫长的值得一生回忆的时光。她活得太清醒，所以住不进大观园，也做不了那一场悲金悼玉的红楼梦。

每个人都有做梦的资格，但是错过了做梦的年龄，再想要肆无忌惮地做梦就必定要付出代价。林徽因既是选择清醒，就只好丢掉自己的梦，漫步在熙攘的凡尘。她像一只展翅的白鹭，在岁月的柳岸扶摇直上，掠湖而过，朝着她想要的生活飞去。只是她的灵魂依旧是那朵白莲，安静地长于淤泥之中，出尘绝世。

1929年1月19日，病重几月的梁启超逝世，梁思成和林徽因为父亲设计墓碑。同年8月，林徽因生下女儿，取名"再冰"，意在纪念已故祖父梁启超"饮冰室"书房雅号。林徽因终于过上了她想要的生活，嫁一个实在的男子，平凡生养，没有惊涛骇浪的情感，却安定美好。女儿的出生让林徽因更加确定，自己当年的选择是正确的，因为她所期待的幸福就是这般简单。

美满的家庭让林徽因陷落在幸福里不愿醒转，事业的成就更将她的人生推向另一种极致。1929年，张学良以奖金形式征集东北大学校徽图案，林徽因设计的"白山黑水"图案中奖入选。这一年，林徽因的生命滋长繁花，只是花开的时间有多长？是否会有那么一天，繁花应季而落，将一切都交付流水？其实我们都明白，这世间又何来只开不落的花，何来只起不落的人生。

林徽因终究是聪慧的女子，她懂得任何一桩情缘都是宿命的安排，懂得任何一种生活方式都有其不可逆转的规则。当初让她亲手放弃那段理想中的情爱，总难免落得一身萧索。所以上苍是公平的，如今她所得到的一切亦是她用代价换取的。就算有一天所得的幸福又要拱手奉还，又算得了什么？人生难得一从容，只愿你我，随遇而安。

山间静养

生命本就是一个漫长的过程，谁也不能刻意删改情节抑或结局。但有一天，我们都会回归宁静，因为那是生命的本真。

不知从何时起，我们开始羡慕那些寂寞的人，开始恋上一种单纯简洁的生活。或许是看多了繁华世态，内心更加坚决地想要一份安静与纯粹。于是每个人都在尝试改变自己，努力减去繁复，视单薄为完美，努力摒弃浮躁，视清凉为超脱。生命本就是一个漫长的过程，谁也不能刻意删改情节抑或结局。但有一天，我们都会回归宁静，因为那是生命的本真。

因为渴望纯粹，所以每个人都愿意自己像植物一样生长于人世间，安静美好，孤独骄傲。一直喜欢王维诗中的意境：行到水穷处，坐看云起时。我们背着沉重的行囊奔走于江湖，看着行色匆匆的脚步，从来不问为什么，也不知道哪一天会停留。当你我以为一生长远得望不到边际时，回首却只是寸步之遥。人的一生不过是午后至黄昏的距离，月上柳梢，茶凉言尽，一切都可以落幕。

　　林徽因知道自己是一株植物，是一朵洁净的白莲，只因不舍姹紫嫣红的春光，所以早早地绽放在清凉的初夏。许多时候，她不愿世人看到她的柔弱，所以她努力让自己坚强，让自己行走在拥挤的人流中，让所有人觉察不到她不同凡响的美丽。但林徽因终究是一个惊人美貌、绝代才情、鼎盛事业以及美满的婚姻家庭等诸多美好聚集于一身的女子，所以她给人的感觉永远都是那样高不可攀。

　　那些年，林徽因一直肺部不好，但因为琐事缠身，从未好好治疗。直到二十六岁，她的肺病日趋严重，协和医院的大夫认为她不能再为事业劳心，并建议她到山上静养一段时间。1931年3月，二十七岁的林徽因到香山双清别墅养病。这么多年繁忙的生活让她几乎忘了，原来日子可以这样静好。

　　人间春色，万物生长，山中景致更是迷人，每一种植物都有其不可言说的美丽与性灵。林徽因本是诗意女子，她沉寂已久的情怀再次被这些生灵打动。仿佛一朵花开，一声虫鸣，一阵清风，都可以触动她的柔肠。静心养病的日子，林徽因重拾往日心情，捧读搁歇已久的文学著作，并且在宁静的夜晚独自伏案写作。这期间，她写下许多诗歌和小说，并在刊物上发表。

　　林徽因喜欢穿一袭白睡袍，焚一炷香，在花瓶里插几支鲜花，在窗明几净的小屋低眉写字，风雅至极。风情的林徽因曾对梁思成感慨道："我要是个男的，看一眼就会晕倒！"梁思成则有意气她："我看了就没晕倒。"其实梁思成何尝不知道林徽因的魅力，他甚至觉得她的美对他来说始终是一种威胁。梁思成在文学上缺少了某些天赋，他无法用优美的文字来表达心中对林徽因的爱恋，他亦喜欢昆曲里的那句唱词：只为你如花美眷，似水流年……

　　林徽因在山上静养的日子，时常有朋友来探视，令习惯了热闹的林徽因不至于冷清。来者有文坛上的朋友以及一些社会名流，像冰心、沈从文、金岳霖、韩湘眉这些人都是常客，而徐志摩更是来得最多的一位佳客。三五知己相聚在一起，煮茗夜话，这样闲逸的时光是林徽因一直所向往的，如今在病中才得以实现。

　　这一年，林徽因用如流的笔写下许多诗歌，山中清雅的风景以及徐志摩是她灵感的源泉。徐志摩每次来都会与她一起探讨文字、诉说心情，他们之间的情感已经远远超越单纯的爱情。徐志摩曾经说过，也只有和林徽因在一起才可以让自己的灵魂真正释放。那些日子，陆小曼每日挥霍、喝酒跳舞，让徐志摩感到疲惫不堪。尽管他们始终那么相爱，但是他们的生活不知从何时开始有了不息的争吵。

　　对于陆小曼的任性，徐志摩只能一味地宠爱，忍到不能再忍的时候，他总会想起林徽因，这个看上去永远贞静美好的女子，她没有陆小曼的妩媚妖娆，但是任何时候都可以抚平你一颗躁动的心。懊恼的时候，徐志摩对林徽因说："看来，我这一生不再有幸福了！"而林徽因则极尽温和地安慰他，因为由始至终她都希望徐志摩能够幸福。可幸福是一件多么奢侈的事，人生总是有太多的遗憾，由不得你我去放任快乐。

仍　然

你舒伸得像一湖水向着晴空里

白云，又像是一流冷涧，澄清
许我循着林岸穷究你的泉源：
我却仍然怀抱着百般的疑心
对你的每一个映影！

你展开像个千瓣的花朵！
鲜妍是你的每一瓣，更有芳沁，
那温存袭人的花气，伴着晚凉：
我说花儿，这正是春的捉弄人，
来偷取人们的痴情！

你又学叶叶的书篇随风吹展，
揭示你的每一个深思；每一角心境，
你的眼睛望着我，不断的在说话：
我却仍然没有回答，一片的沉静
永远守住我的魂灵。

　　林徽因写下《仍然》，是否是为了应和徐志摩的那首《偶然》？在她内心深处，徐志摩永远是她最洁净的知己，永远会沉静地守住她的魂灵。无论徐志摩在哪里，无论他爱上了谁，只要和林徽因在一起，他永远都是当初康桥上的那个多情男子，不曾有丝毫的改变。而在徐志摩眼中，当年那个小小女孩已经长成了一位安静而有风韵的女人，这个女人是他此生唯一的红颜，永远可以如初见时那般美好。

那一晚

那一晚我的船推出了河心，
澄蓝的天上托着密密的星。
那一晚你的手牵着我的手，
迷惘的星夜封锁起重愁。
那一晚你和我分定了方向，
两人各认取个生活的模样。
到如今我的船仍然在海面飘，
细弱的桅杆常在风涛里摇。
到如今太阳只在我背后徘徊，
层层的阴影留守在我周围。
到如今我还记着那一晚的天，
星光、眼泪、白茫茫的江边！
到如今我还想念你岸上的耕种：
红花儿黄花儿朵朵的生动。

那一天我希望要走到了顶层，
蜜一般酿出那记忆的滋润。
那一天我要跨上带羽翼的箭，
望着你花园里射一个满弦。
那一天你要听到鸟般的歌唱，
那便是我静候着你的赞赏。
那一天你要看到零乱的花影，
那便是我私闯入当年的边境！

林徽因以为被岁月消磨了最后一点诗情，以为红尘的烟火取代了生活的全部。可是她知道，只要一旦与徐志摩重逢，她骨子里的浪漫与才情又会重新涌现。尽管他们各取生活模样，爱着自己所爱的人，看上去彼此相安无事，其实早已落地生根。

　　这样的感情，一生只有一次，也只要一次。林徽因为徐志摩美丽地绽放过，所以她此生无论以何种方式行走，以何种姿态生存，都将无悔。而徐志摩亦是如此，在他的生命里，那样清澈地爱过，真的足矣。他们的青春被装订成一本唯美的诗集，让每个读过的人都爱不释手，欲罢不能。

痴爱一生

真爱无悔，无论你我以何种方式来对待自己的情感，只要付出过真心，拥有过，珍惜过，就是最大的慈悲。

人生若只如初见。相信读过纳兰词的人都忘不了这句，忘不了的原因是诗中蕴含了太多的人生况味。那些走过岁月的人，总是会回首青春枝头的那一朵灿烂。世事将一颗饱满的人心打磨得单薄无力，而往日的真挚情感也随着流年渐次地薄凉。走过春朝秋夕，谁还能一如既往，不改初见模样？曾经深爱的人会容颜老去，曾经稚嫩的心已饱经沧桑，试问谁还能如初时那般相待？

可人生何必只如初见，如果说初见灿若春花，那么携手走过一段漫长的人生，却可以静看秋叶之美了。一个深晓世味的人会懂得，秋叶比春花更令人魂思神往。只是情到薄处，难免会有失落，会怅惘地追忆曾经的美好。然而亦会有那么一种人，爱上一个人可以一往情深直到死去，在他的生命中，所有的日子都是初见时那般美好。

写到林徽因和徐志摩的浪漫爱情，和梁思成的相敬如宾，总忘不了另一个男子，那个深情守护她一生的男子——金岳霖。这个男子仿佛对林徽因从来都只有付出，不求任何的回报，他的执著与缄默让人想起时忍不住要落泪。就是这样一位学界泰斗，为了一个爱慕的女子，默默地奉献自己的一生。他爱得理智，爱得沉稳，也爱得深刻。他不动声色的爱像是一个奇迹，令所有的看客为之涕零。

也许很多人都想知道，林徽因是否爱过金岳霖，她对金岳霖的爱又是哪种，是因为感动还是真的动了真情。1931年这一年，林徽因大半时间都在香山静养，她的心回归到初时的美好平静。直到有一天，梁思成从外地回来，林徽因突然很沮丧地告诉他，她苦恼极了，因为她同时爱上了两个人，不知道怎么办才好。

梁思成听完这句话，沉默不语。一夜的辗转反侧，他似乎明白了许多，次日，他对林徽因说："你是自由的，如果你选择了老金，我祝愿你们永远幸福。"而这里的老金，说的就是金岳霖，梁思成不会不明白金岳霖对林徽因的那份深刻的倾慕之情。至于林徽因是何时爱上金岳霖的，梁思成不知道，就连林徽因自己也不知道。或许她只是被这个成熟稳重的男子打动，对他生出了不由自主的依恋。

但我们都明白，林徽因当初错过徐志摩，此时更不会与金岳霖热烈相爱。此时的林徽因已经不再拥有放纵的资格，她有宠爱她的丈夫，有乖巧伶俐的女儿，有属于自己的辉煌事业。当初她不敢为了一场浪漫的爱情放弃平淡的生活，如今又怎么可能会为一个男子而抛弃一砖一瓦修筑起的温暖巢穴。她的迷惘只是暂时的，所以她和金岳霖始终保持一种距离，这种距离让他们不敢轻易逾越，因为害怕无力承担。

后来，林徽因将梁思成说的话转述给金岳霖，金岳霖回答道："看来思成是真正爱你的，我不能去伤害一个真正爱你的人，我应该退出。"从此，三人终身为友。这就是金岳霖，冷静理性，他就是这样用最高的理智驾驭自己的感情，爱了林徽因一生。林徽因爱金岳霖，亦是爱得理智，她对金岳霖的爱不同于对徐志摩的爱那样缠绵热烈，也不同于对梁思成的爱那样平和温暖，她对他更多的是一份钦佩和敬爱，他们之间的交流亦是非同一般。

林徽因和梁思成夫妇家里几乎每周都有沙龙聚会，金岳霖始终是梁家沙龙座上常客。他们志趣相投，交情至深，一直都是毗邻而居。据说林徽因居住在哪儿，金岳霖就会默默陪伴在哪儿。他以这种温和的方式默默守护心中至爱的女子，不离不弃。而林徽因早已习惯他的呵护，任何时候她都需要他在，只要他在，她便安心。

人世间的感情有时候连我们自己都分辨不清。林徽因自问是个清醒之人，可以将几段情感处理得妥帖安好，但她终究不知道该以何种方式来安抚几位挚爱她的男子。当她告诉梁思成和金岳霖，她同时爱上两个男子的时候，心中亦是迷惘至极。而此时的林徽因真的不爱徐志摩了吗？不是不爱，是因为她知道，徐志摩早已成为她永远的过去，她所能做的，只是将他深藏，再不要和任何人提起。而梁思成和金岳霖是现在。她是幸运的，在她惆怅的时候，金岳霖理性地退出，又甘心为她终身不娶，就连她死后亦守着魂魄，不敢有丝毫的辜负。

金岳霖对林徽因的爱，真的做到了一生不变。20世纪50年代后期，林徽因已经去世，而梁思成也另娶了他的学生林洙。据说，有一天金岳霖把以往的老朋友都请到北京饭店，之前没说理由，而去了的老朋友亦不知何故。待饭吃到一半时，金岳霖站起来说，今天是林徽因的生日。闻听此言，那些老朋友望着这位终身不娶的老者，无不默默落泪。情深若此，林徽因这一生自当无悔。

林徽因死后，金岳霖再不能陪伴她左右，孤独的他只能依靠往日的回忆度日。据说晚年的金岳霖和林徽因的孩子们住在一起，他们都喊他"金爸"。或许他们都明白，这个老先生用最真最深的情感爱了他们母亲一生，所以亦值得他们永远尊敬爱戴。

人之用情是多么的不同。徐志摩深爱林徽因，但当林徽因转身离去之时，他空落的心需要另一段感情来填补，所以他会爱上陆小曼，会为另一个女子付出所有。梁思成，这位曾经与林徽因海誓山盟，与她携手共度一生的男子，到最后也只是云中过客，结束一个故事，重新开始自己的另一个故事。风华绝代的林徽因终究还是被他装帧在过去的岁月里，是不忍碰触，还是不愿碰触？

既是用情不同，亦没有对任何人指责的意味。没有谁说过一生只能爱一个人，亦没有谁说过重新开始是对过去的背叛。我们只是感动于金岳霖的至情，也不期待每个人都像他这般孤独到老。作为一个男人，可以痴情如金岳霖这般的真是不多。作为一个女人，有这样一个男子为之付出一生是真的幸运。只是这份幸运也着实令人酸楚。

真爱无悔，无论你我以何种方式来对待自己的情感，只要付出过真心，拥有过，珍惜过，就是最大的慈悲。相爱容易相守难，有一天发觉拥有的爱已不再是昨天的滋味，可以选择温柔地放手。因为相离不一定是背叛，给彼此一个美好的祝福，或许都会海阔天空。

后会无期

> 人生何处不相逢，但有些转身，真的就是一生，从此后会无期，永不相见。

我若离去，后会无期。不知为何，每次想到这句话，心中会莫名地苍凉与酸楚。人的一生要经历太多的生离死别，那些突如其来的离别往往将人伤得措手不及。人生何处不相逢，但有些转身，真的就是一生，从此后会无期，永不相见。

其实我们都知道，人生存于世是多么的艰难，无论你内心有多强大，在死亡面前都是软弱无力的。平静安稳的日子里依旧会害怕，害怕至亲至爱的人有一天先我而去。那种巨大的悲伤，寻常之人又岂能轻巧承担？多希望每个人都可以活到白发苍苍，了结一切夙愿，带着微笑安静地死去。可人生有太多躲不过的劫数，过不了那道最难的坎，就只能坠落山崖，粉身碎骨。纵算你是一个叱咤风云的霸主，也不能力挽狂澜，起死回生。

1931年，对于林徽因来说，这是美好的一年，亦是生命里悲痛的一年。她因肺病在山上静养，沉积已久的激情得以释放，为此写下许多曼妙的诗篇，给她的人生增添了亮丽的一笔。对于一个奔忙于俗世的人来说，难得清凉是一种修行。都知浮生若梦，但我们不能因为是梦就沉浸梦中，虚度春风秋月。人活一世，虽不求惊天动地，却终究还是要留下些什么，让活着的人有迹可寻，哪怕只是简单平凡的故事也算得上一种功德。

这年9月，梁思成、林徽因应朱启钤聘请，离开东北大学，到中国营造学社供职。梁思成任法式部主任，林徽因为"校理"。秋天，林徽因病愈下山，又重新拾起停歇已久的事业和生活。尽管对山中宁静的岁月有些不舍，可林徽因骨子里对事业的热爱，早已超越她对诗意生活的向往，所以短暂的沉寂让这位才情横溢的女子很快又风华再起。

然而她不知道，人间有一场巨大的悲剧即将降临，这场悲剧令她一生都无法彻底释然。1931年11月19日，徐志摩搭乘中国航空公司"济南"号邮政班机由南京北上，他如此匆匆奔赴，是为了参加当天晚上林徽因在北平协和小礼堂为外国使者举办的中国建筑艺术的演讲会。在此之前，徐志摩发了电报给林徽因，说，下午三点抵南苑机场，请派车接。梁思成亲自开车去接，等到下午四点半，飞机仍没有到。航空公司说济南有大雾。这位年轻的诗人就是在这场迷蒙的大雾中丧生的。

"当飞机抵达济南南部党家庄一带时，忽然大雾弥漫，难辨航向。飞机师为寻觅准确航线，只得降低飞行高度，不料飞机撞上白马山（又称开山），当即坠入山谷，机身起火，机上人员——两位机师与徐志摩全部遇难。"就是这个简短的过程，令鲜活的生命在瞬间化为灰烬，甚至连残骸都找不到。也许我们都不相信命运之说，只是这不测的人生由不得你我去挣扎抵抗。一切皆有定数，无论这是偶然还是必然，结局就是如此，谁还能去改变？

关于徐志摩的死，众说纷纭。有人说，徐志摩是为了林徽因而死，倘若不是为了参加她的学术讲座，又怎会发生这样的意外。也有人说，徐志摩是为了陆小曼而死，因为徐志摩在临走前还跟陆小曼有过争吵，他们之间因为陆小曼的放纵挥霍已经堆积了深厚的矛盾。

其实我们都知道，徐志摩的死是他命定的劫数，又何必去怪罪红颜。有些人搭乘一辈子的飞机尚不会出任何差错，有些人仅一次就可能遭遇坠毁，梦断尘埃。人生有太多的意外是我们不能预测，也无力把握的，既然做不到占卜未来，就只能听天由命。但许多人都愿意把徐志摩的死当作一场惊心动魄纵身情涛的殉身。仿佛只有这样，才可以回报他一生的多情，为他诗意浪漫的人生留下深情的绝笔。

徐志摩的死，不是红颜的错，绝不是。世人常说，红颜薄命，天妒英才。虽不是绝对，但上苍的确很公平，给了你不可一世的才情，就不会给你简单平稳的幸福。曾无数次说过，人生就是一种交换，所谓此消彼长，得到与舍弃是等同的。

徐志摩死后，最痛心的应当是至爱之人。除了与他骨血相连的亲人，就是生命中他爱过的以及爱过他的女子。我们可以想象得到，他的前妻张幼仪得知他的死讯时，是多么悲痛欲绝，泣不成声。而林徽因所写的散文《悼志摩》，足以见得她有多心痛。她说，这之后许多思念他的日子，怕全是昏暗的苦楚，不会再有一点光明，因为她没有他那样美丽诗意的信仰。至于陆小曼，更是心痛难当，徐志摩的死剜去了她在世间最后一颗真心。她写《哭摩》，从此带着一身病骨苍凉孤独地行走于世，那种无与伦比的落魄令人不忍目睹。

　　据说，林徽因让赶到现场的梁思成取回一块失事飞机的残骸，而她将这块残骸挂在自己的卧室，以此表达对徐志摩永久的怀念。她的用情至深令许多人都不明白，而梁思成对她的做法或许觉得不可思议，但是逝者已矣，既是谦谦君子，又何必与一个逝去的朋友再做任何毫无意义的争执。

　　林徽因此番悼念的方式，或许是因为她觉得亏欠于徐志摩，年轻时对他的辜负，以及这场意外不能说与林徽因毫无瓜葛，毕竟徐志摩千里迢迢地赶赴，是为了参加林徽因的一场讲座。人在面对结局的时候，真的没办法不去相信那些冥冥中扣住的因果。林徽因说，死不一定比生苦。这是对生者的宽慰，还是对死者的祝福？

再别康桥

徐志摩

轻轻的我走了，
正如我轻轻的来；
我轻轻的招手，
作别西天的云彩。

那河畔的金柳，

是夕阳中的新娘；
波光里的艳影，
在我的心头荡漾。

软泥上的青荇，
油油的在水底招摇：
在康河的柔波里，
我甘心做一条水草！

那榆荫下的一潭，
不是清泉，是天上虹
揉碎在浮藻间，
沉淀着彩虹似的梦。

寻梦？撑一支长篙，
向青草更青处漫溯，
满载一船星辉，
在星辉斑斓里放歌。

但我不能放歌，
悄悄是别离的笙箫；
夏虫也为我沉默，
沉默是今晚的康桥！

悄悄的我走了，

正如我悄悄的来；

我挥一挥衣袖，

不带走一片云彩。

　　几年前，诗人徐志摩写下这首《再别康桥》。几年后，他真的如诗中所写：悄悄的我走了，正如我悄悄的来；我挥一挥衣袖，不带走一片云彩。无论你我是否相信宿命，但是许多事情真的早已安排。无论你是一个凡夫，还是一个雅客，都会在不经意的时候，为自己的将来埋下不为人知的伏笔。

　　每一次变故都是人生的转弯。这一生总有那么一些人，是你过河时必须投下的石子，是你煮茗时需要的薪火，是你夜归时照明的路灯，但这些人终将成为过客，连同自己，有一天也要将生命交还岁月。那时候，孤影萍踪，又将散落在哪里？

真爱无悔，无论你我以何种方式来对待自己的情感，只要付出过真心，拥有过，珍惜过，就是最大的慈悲。

人生何处不相逢，但有些转身，真的就是一生，从此后会无期，永不相见。

·第五卷·

你是人间四月天

阴晴冷暖

人的一生会遭遇无数次相逢，有些人是你看过便忘了的风景，有些人则在你的心里生根抽芽。那些无法诠释的感觉都是没来由的缘分，缘深缘浅，早有分晓。

有人说，人生像一首诗，简洁空灵，却意味深长。也有人说，人生像一篇散文，优美沉静，却经久耐读。还有人说，人生像一部小说，起伏难料，却有始有终。说这些话的人，相信都是文字的信徒，因为迷恋上某种情怀，才会将人生当作信仰一样来膜拜。不同年龄的人所体味的人生自是不同。有时候，你不厌其烦地去对别人讲述这世态有多纷繁凛冽，倒不如让其纵身于尘涛世浪，尝过百味人生，便深晓一切阴晴冷暖。

人只有在寂寞的时候才会任由思绪泛滥，将那些泛黄的往事读了又读。怀旧是一种孤芳自赏的高雅，将自己低到尘埃也未必就是对生活的妥协。一个人只要内心清澈干净，无论面对多么险恶的世俗，都可以做到宠辱不惊。任由世事纵横万千，我们所经历的依旧只是似水流年，所过的日子也只是寻常烟火。

有这么一种人，可以让自己轻巧地来往于梦与醒之间，出尘入世都收放自如。我终究还是敬佩林徽因的，她以美艳博得世人喜欢，又以聪慧赢取世人的爱慕，让深爱过她的人都觉得无悔，仿佛她从来都不是一个倔强的人，不做一意孤行的事，所以她的人生没有留下太多伤痕。

徐志摩的死对林徽因来说无疑是莫大的痛楚，但她亦曾安慰自己，死未必比生苦，而那最后的解脱未必不是幸福、不是聪明。其实人生祸福难料，走过今天，谁也不知道明天会有什么将你我等待。我们常常说，人生如棋局，日子是棋子，步步惊心，因为棋错一着，则满盘皆输。没有谁的一生会如行云流水，一路行走，总是沟壑难填。你迈过这道坎，或许前面又有一条河等你渡过。

1932年，林徽因分别在元旦和正月两次致信胡适。林徽因在信中提到最多的则是徐志摩，徐志摩的死是她心口永难愈合的伤。她说过，徐志摩给了她不少人格上、知识上磨炼修养的帮助，因为他的存在，她内心深处始终保有那份诗意的优雅，对一切美好情怀的满足。

这个夏天，林徽因这朵夏日白莲再次去了香山养病。她犯肺病已有数载，近几年因为琐事缠身，病情反复得厉害。自徐志摩死后，她的心情一直不得舒展，导致肺病复发。在香山养病的日子，虽然闲逸清静，林徽因的心却始终没有平静过。怀想旧年在山间的岁月，静心写作，时常有好友来与她闲聊，不甚欢喜。

来得最多的人就属徐志摩，他无数次陪林徽因煮茗夜话，谈文学人生、生活情感。只有他给得起林徽因世间最美好的诗情，徐志摩对她的爱成了她生命中的一种激励。如今骤然少了这样一位知己，曾经风雅的日子变得索然无味。林徽因始终觉得，徐志摩与她前世有过邂逅，否则今生不会为他这样的灵魂震撼。

也许我们不知道，这位看似淡然清心的女子无数次为徐志摩的亡故而泪流满面。在林徽因的内心深处，始终忘不了那一年的康桥之恋，毕竟是这个男子扣开她心灵的门扉，在她心中筑的梦。倘若不是想要一份现世的安稳，不是惧怕红尘涛浪，或许林徽因不会那么清醒地转身。她在心中一直对徐志摩怀有愧疚，毕竟徐志摩是为了她才离弃张幼仪，也对她痴心不悔许多年。

或许是因为愧疚，徐志摩在林徽因心中始终不改当初。她对金岳霖为她默默温和地奉献都不觉有深刻的愧疚，而对徐志摩却一直不能释怀。直到徐志摩娶了陆小曼，林徽因也没能放下，她要的，是他幸福。徐志摩娶了陆小曼，惊天动地般爱了一场，亦落得满身伤痕。这世上只有林徽因可以给他疗伤，所以每当心中不快之时，徐志摩想到的就是林徽因。曾几何时，她成了一味清凉止痛的药，敷在徐志摩的伤口，药到病除。

莲　灯

> 如果我的心是一朵莲花，
> 正中擎出一枝点亮的蜡，
> 荧荧虽则单是那一剪光，
> 我也要它骄傲的捧出辉煌。

不怕它只是我个人的莲灯，

照不见前后崎岖的人生——

浮沉它依附着人海的浪涛

明暗自成了它内心的秘奥。

单是那光一闪花一朵——

像一叶轻舸驶出了江河——

宛转它飘随命运的波涌

等候那阵阵风向远处推送。

算做一次过客在宇宙里，

认识这玲珑的生从容的死，

这飘忽的途程也就是个——

也就是个美丽美丽的梦。

有些人，不是不爱，是真的爱不起。林徽因对徐志摩，应该就是爱不起。她需要他的宠爱，却无法回报他以同样的热情。她是青莲，不能同他一起在黑夜燃烧。她要的是和一个安稳的男人过细水长流的日子，任何风浪都不愿禁受。其实这世界上，许多看似柔弱的女子的内心都有着无与伦比的冷静与坚强。林徽因就是这样的女子，心似莲花，只有那一剪薄弱的光，也要骄傲地捧出辉煌。

别丢掉

别丢掉

这一把过往的热情，

现在流水似的，

轻轻

在幽冷的山泉底，
在黑夜，在松林，
叹息似的渺茫，
你仍要保存着那真！

一样是月明，
一样是隔山灯火，
满天的星，只有人不见，
梦似的挂起，

你问黑夜要回
那一句话——
你仍得相信
山谷中留着
有那回音！

有人说，这首诗是在徐志摩死后四周年时写的。其实是徐志摩死后次年，林徽因在香山养病时所作，几年后才发表。其实什么时候写的不重要，她所表达的，是对徐志摩深刻的怀念。只是过往的热情已似东流之水，渺茫无音讯。明月还在，灯火还在，人不知去了哪里。无常人生，虚空幻灭，我们不知道明天会丢失什么，也不知道可以留得住什么。

这个夏天，林徽因住在香山，写了三首诗，怀念一个叫徐志摩的男人。但并没有因此而耽搁她热爱的事业，她和梁思成去卧佛寺、八大处等地考察古建筑，并发表了《平郊建筑杂录》。后来，林徽因又在一次聚餐时结识了美籍学人费正清、费慰梅夫妇。

人的一生会遭遇无数次相逢，有些人是你看过便忘了的风景，有些人则在你的心里生根抽芽。那些无法诠释的感觉都是没来由的缘分，缘深缘浅，早有分晓，之后任你我如何修行，也无法更改初时的模样。

离合幻梦

她不肯做那悲情女子，不愿对过往低头，所以她喜欢怀旧，却不会沉迷。

人说，背上行囊，就是过客；放下包袱，就找到了故乡。其实每个人都明白，人生没有绝对的安稳，既然我们都是过客，就该携一颗从容淡泊的心，走过山重水复的流年，笑看风尘起落的人间。

人的一生要经过许多段历程，尝遍人生百味，看过阴晴圆缺，才会有深厚的生活阅历。当我们可以做到心平气静看这世间万象，或许，已经垂垂老矣。这世上有人注重过程，有人注重结果。一生一世，听上去多么漫长，其实回首转瞬即逝。

每个人的生命长短不一，我们所能做的，只是在活着的时候不要留下太多的遗憾。至于来生会如何，会发生怎样的故事，谁也不知道。待到老时，回首经年，曾经一起听过鸟鸣，一起等过花开，一起看过月圆的人，也许早已离你远去。而那些执手相看的背影，恍若流水的诺言，也成了一桩桩残缺不全的往事罢了。

林徽因应该算是一个从容的人，她不会为了某种情绪而让自己深深沉沦。对她来说，徐志摩的死是心口难以愈合的伤，但是走过重重雾霭，又见明月清风。1933年，二十九岁的林徽因已见成熟风韵，她似乎很少做梦，日子又恢复了以往的平静。也许每个人都有过这么一个过程，突然在某一段时间里，心底像被扫过了似的那么干净，干净到将过往的一切都忘记，将来要做什么亦不知道。所谓似水流年，其实就是毫无章法地过日子，如果做到井然有序，未免太过伤神。

有人说过，林徽因不但是一个优雅闲隐的弱女子，也是一个风浪尖上的女强人。她在诗情画意里常常独自吟哦，又在属于自己的另一空间里呼风唤雨，所以她有许多的瞬间与剪影。有些人记住她的柔婉多情，有些人记住她的平宁淡定，也有些人记住她的执着热忱。或许因为她的多重性情，才会有那么多的人对她崇拜与仰慕，始终如一。

这一年，林徽因参加朱光潜、梁宗岱每月举办一次的文化沙龙，朗诵中外诗歌和散文。文学早已成为她生命中不可缺少的部分，无论她成为煮饭浣纱的凡妇，还是风云不尽的女建筑师，在所有人心中，她永远是那个美丽在人间四月的纯情才女，而在每个姹紫嫣红的春季都会不由自主地将她想起。她的人间四月已经成了许多人心中无法割舍的情结，像是长在流年的记忆，已然无法擦去。

尽管如此，林徽因虽钟情于她的文字，但似乎更加执着于她的建筑事业。她一直以为，人到世间走了一遭，就必定不能碌碌无为，总要留下些什么，不为了世人将你记住，而是不留给自己太多缺憾。这年9月，林徽因同梁思成、刘敦桢、莫宗江等去山西大同考察云冈石窟。10月，发表散文《闲谈关于古代建筑的一点消息》。11月，林徽因同梁思成、莫宗江去河北正定考察古建筑。事业的成就可以让她忘记许多人生的别离、情感的空落，还可以冲洗那些平淡的日子。

我们常说，浮生一梦，都是过眼云烟，人死之后，一切都灰飞烟灭，于这世间再无任何瓜葛。可历史存在了数千年，多少人事被记载在史册上，至今仍被世人深深铭记。历史的天空曾经烽烟滚滚，古道上黄尘飞扬，如今被有情有义的长江水打扫得那般清澈。只是有一天，那弥漫的尘烟还会泛滥成灾吗？

自古以来，印刻在史册上的人毕竟微乎其微，若不是有惊天之举，又何来流传千古。多少红颜名将死后只是一堆无人问津的骸骨，谁还能辨认出当年他们绝代的容貌？又有谁知晓他们曾经有过的风华故事？但终究还是有人被记住，就像我们记住林徽因一样。

想起林徽因就会记得："我说你是人间的四月天；笑响点亮了四面风；轻灵，在春的光艳中交舞着变。"想起徐志摩又会记得："悄悄的我走了，正如我悄悄的来；我挥一挥衣袖，不带走一片云彩。"说到"黑夜给了我黑色的眼睛，我却用它寻找光明"，就会记起顾城。而看到"我有一所房子，面朝大海，春暖花开"，就会怀念那个叫海子的诗人。

其实每个人的一生都会留下几句给人启发的名言佳句，只是有幸让人记住并得以流传的真的不多。有些人必定要以死来证实曾经留下的美丽，或许谁也不明白，到底怎样的人生才算是无憾。难道烟消云散就真的枉来人世一遭，而流芳百世就是对生命的尊重？

如果说建筑事业是林徽因的一种人生信念，那么文字则是她对美好情怀的一种誓约。每一个微雨落花时节，每一个清露莲荷之季，或是秋叶飘零之时，抑或是寒梅傲雪之日，她的心中都会生出无限感思。或许每个文人骨子里都存有这份情结，纵算不是文人，也会被每一朵花、每一茎绿，或是偶然打身边经过的晚风打动。

这年秋天，林徽因写下了一首著名的长诗《秋天，这秋天》。多少人被她这首长诗深深感动，纵是萧瑟之季，亦没有秋风秋雨愁煞人的悲伤。在林徽因的内心深处，哪怕是怀念一个逝去的故人也是温软而柔情的。在她眼里，秋天是一场华丽的筵席，秋天有骄傲的果实，有走过庄周梦里的蝴蝶。

秋天，这秋天

这是秋天，秋天，

风还该是温软；

太阳仍笑着那微笑，

闪着金银，夸耀

他实在无多了的

最奢侈的早晚！

这里那里，在这秋天，

斑彩错置到各处

山野，和枝叶中间，

像醉了的蝴蝶，或是

珊瑚珠翠，华贵的失散，

缤纷降落到地面上。

这时候心得像歌曲，

由山泉的水光里闪动，

浮出珠沫，溅开

山石的喉嗓唱。

这时候满腔的热情

全是你的，秋天懂得，

秋天懂得那狂放，——

秋天爱的是那不经意

不经意的零乱！

…………

这叶落了的秋天，

听风扯紧了弦索自歌挽：

这夜，这夜，这惨的变换！

　　然而秋天也是一首挽歌，是一场离合幻梦的交变。对于季节交替，岁月更迭，林徽因始终充满感恩的心。她不肯做那悲情女子，不愿对过往低头，所以她喜欢怀旧，却不会沉迷。这样一个美好的女子，也许我们应该留给她更多的祝福。无论她飘散至人世间的哪个角落，都希望她可以日日平宁，岁岁逢春。

人间四月

> 这个女子被装帧在人间四月，岁月早已泛黄，而她却苍翠如初。

　　我们常说时光如流，转瞬而过，无论是华美还是萧索，是喜悦还是悲伤，都会随年轮的消逝而隐没无踪。我们一笔一墨所记下的其实都是生活的流水账。无论你的人生多么起伏跌宕，或是怎样的平淡无奇，在生命的书页里，不过是墨多墨少而已，不会有其他的区别。不是所有的读者都喜欢看曲折坎坷的故事，都愿意热泪盈眶。那些真正走过岁月的人，更愿意读一本温和的书，品一壶清淡的茶，悟静好人生。

　　相对来说，林徽因的一生在那个风云起落的年代真的不算坎坷。虽不是一路平坦，却也没有掀起过大风大浪。所以我们忆起这个女子，美好多于悲伤，幸福多于苦难。她的一生虽历经几段感情，却把握得十分妥帖。三个才华横溢的男子深爱她一生，她却没有将谁伤到支离破碎，仿佛她永远都可以用温和的姿态对待爱她的男子，让他们不敢随心所欲、不管不顾。

　　林徽因在事业上的成就或许很多人不知道，她和梁思成研究的古代建筑在当时已成为一道瑰丽的风景。1934年，中国营造学社出版梁思成的《清式营造则例》一书，林徽因为该书写了绪论。之后，林徽因、梁思成同费正清夫妇去山西汾阳、洪洞等地考察古建筑。10月，林、梁二人应浙江建设厅邀请，到杭州商讨六和塔重修计划。1936年，林徽因与梁思成一同去了河南洛阳龙门石窟、开封及山东历城、章邱、泰安、济宁等处做古建筑考察。几年来，他们的足迹遍布天涯，那种与天南地北尘土相遇的熟悉，让林徽因更加深爱这人间烟火。

　　事业的成就让更多人对林徽因另眼相待，她不是那个只会雪月风花的娇柔女子，她深谙民间百态，懂得人情冷暖。这位秀外慧中的民国才女，总是以她非凡的魅力让人一见倾心。不知是谁说过，每个女子都有属于自己的花期，花开时，占尽人间春色，无限芳菲。花期一到，就把所有灿烂都支付给岁月，那种被光阴摧残的凋零让人不忍目睹。

　　而林徽因做了那朵永不凋零的花，她是许多男子梦中的红颜，没有让自己活到鸡皮鹤发，更没有让自己被流光收拾得七零八落。仿佛在任何时候，她都拥有那份出尘的美，又安然在世俗深处，和我们一起共度平淡流年。这个女子被装帧在人间四月，岁月早已泛黄，而她却苍翠如初。

　　林徽因在三十岁这一年发表了代表作《你是人间的四月天》。想来，这首被世人吟诵不已的诗篇，就是她在这个年岁写下的。三十岁的女子应该已现成熟风韵，是最端雅也最有思想的时候。这个年龄的女子拽住青春最后的一抹绿意，和柔嫩无瑕的春天做最后的告别。青春华丽退场，意味着另一场属于盛夏的戏行将开幕。尽管还有大把的光阴可以享用，却再也不能肆无忌惮地挥霍。当我们读完林徽因的《你是人间的四月天》，似乎对生命又有了别样的看法。

你是人间的四月天

——一句爱的赞颂

我说你是人间的四月天；
笑响点亮了四面风；轻灵
在春的光艳中交舞着变。

你是四月早天里的云烟，
黄昏吹着风的软，星子在
无意中闪，细雨点洒在花前。

那轻，那娉婷，你是，鲜妍
百花的冠冕你戴着，你是
天真，庄严，你是夜夜的月圆。

雪化后那片鹅黄，你像；新鲜
初放芽的绿，你是；柔嫩喜悦
水光浮动着你梦期待中白莲。

你是一树一树的花开，是燕

　　在梁间呢喃，——你是爱，是暖，
　是希望，你是人间的四月天！

　　一直以为，林徽因写这首诗的时候应该不超过二十岁，翠绿的年华摇曳在青春的枝头，可以无所顾忌地爱自己想爱的人，犯下不可弥补的错误，做一切想做的事。因为人一旦丧失了青春，就再也不会有资格这样随心所欲。现实的压力、生活的包袱，会给你许多无法推卸的责任，到了那时候，谁还有心情采折一枝春花去装扮花瓶，去拾捡落叶夹进书扉。

　　林徽因却做到了，她写了《你是人间的四月天》，用她轻灵柔美的文字，逼迫我们不敢老去。她就像一位多情少女，在芳菲的四月咏唱人间最美的诗篇。纵然那些迟暮之龄的人读了这首诗也会觉得青春重现，而那些丢失在过往风中的爱情再次得以寻回。有时候，我们不能不信服文字的魅力，它可以让我们在枯树上看到春满华枝，在无边的黑夜看到天晴月圆。

　　三十岁的林徽因经历了人生的变迁，她不再是康桥那个不谙世事的小姑娘，守着壁炉，隔窗听着细雨，寂寞时，期待有一个温和诗意的男子可以陪她一起喝茶读书。如今的她已嫁为人妇，成了人母，生活中太多的琐碎让她不能沉浸在文字里与诗书做知己，再加上她对建筑事业的一片热忱，更无许多空闲时光来做梦。

　　可林徽因却没有成为一个凡妇，亦没有成为一个一心钻研学术的女学者。她的心中始终充满盎然的诗词，充满了爱与暖。这个纷繁的俗世没有将她漂染成五颜六色，她依旧还是那朵白莲，如梦似幻地植于世人心中，那么鲜妍，那么娉婷，那么赏心悦目。

这几年，林徽因似乎蓄养了充沛的精力，她要将最后一段旺盛的青春释放，不负她不同凡响的人生。徐志摩死后，林徽因的感情少了一段纠葛，而金岳霖对她的爱因为没有带来任何的压力，令她觉得安稳而舒适。在事业上，林徽因与梁思成夫唱妇随，一起走过许多城市，始终相濡以沫。

这也许就是所谓的执子之手，与子偕老。未来不能预知，我们可以相信的只有现在。林徽因不会想到，在她过世之后，一直与她恩爱、说好不离不弃的男子也会另娶他人，反倒是那个从不曾将她拥有的金岳霖寂寞地守候了她一生。原以为爱情只有一种，只要爱了，就一颗心相待，却不想爱也有千万种，在疏淡与亲昵、懦弱与坚定之间，不知道哪一种适合自己，也不知道别人想要的又究竟会是什么。

1936年，三十二岁的林徽因发表了十余首诗，还有几篇散文与小说。每当空闲之时，林徽因都会让心沉静下来，独自思索，这世间到底什么是永恒。可以追随她一生的，是缥缈的爱情，是不朽的事业，还是如流的文字？又或许什么都不是？因为陪伴一生的，始终是自己，只有自己无法背离，不能丢弃。

沐浴战火

活在当下，做每一件自己想做的事，去每一座和自己有缘的城市，看每一道动人心肠的风景，珍惜每一个擦肩的路人。纵算历经颠沛，尝尽苦楚，也无怨悔。

这个春季，我翻读了林徽因的诗，在晨晓迷蒙的烟雨里，在午后和暖的阳光下，在新月纤柔的夜色中。这个美好的女子用她轻灵的文字，教会我们做梦，教会我们记住花的香、叶的绿，以及生活的希望。我终于相信，林徽因是那种走在拥挤的人流中，也能让我们可以准确无误地喊出她名字的女子；是那个与之擦肩，必定让人频频回首的女子；是那个走过春秋岁月，依旧可以素朴清淡的女子。

如水的岁月，如水的光阴，原本该柔软多情，而它偏生是一把锋利的尖刀，削去我们的容颜，削去我们的青春，削去我们仅存的一点梦想，只留下残缺零碎的记忆。这散乱无章的记忆，还能拼凑出一个完整的故事吗？我总以为，追溯一个人的前尘过往，悲伤会多于喜悦，因为我们会在很短的时间内，就匆匆将别人的一生看尽。从一个曼妙多情的少女，到一个看过世态万千的老妇人，这期间，该尝历多少五味杂陈的烟火。人只有老去的时候才会深叹，许多事还来不及做完，许多缘分还没有好好珍惜。

不知是谁说过，人生要起伏有致才能平安，太过顺畅反而不得久长。信了这句话，面对突如其来的意外就从容淡定了许多。下雨的日子未必都是感伤，可以煮一壶闲茶，品味人生。月缺之时也未必只是惆怅，亦可以倚窗静坐，温柔地怀念远方的故人。读林徽因，心情不会有太多的起落，她是一个和美的女子，不舍得让人轻易为她落一滴眼泪。

也曾和至爱的人生离死别过，也曾落下一身病骨，也曾奔忙于滚滚的红尘陌上，可林徽因始终不肯向岁月低头，她的诗中从来不现消极悲观的愁肠。无论是在凋零的秋季，还是在荒芜的寒冬，我们都可以闻到那抹清新的绿意。她不是结着丁香愁怨的姑娘，不是徜徉在往事里独自惆怅的女子，她懂得生活的真实，懂得悲欢离合才是真味人生。

红叶里的信念

年年不是要看西山的红叶，
谁敢看西山红叶？不是
要听异样的鸟鸣，停在
那一个静幽的树枝头，
是脚步不能自已的走——
走，迈向理想的山坳子
寻觅从未曾寻着的梦：
一茎梦里的花，一种香，

斜阳四处挂着，风吹动，
转过白云，小小一角高楼。

钟声已在脚下，松同松
并立着等候，山野已然
百般渲染豪侈的深秋。
梦在哪里，你的一缕笑，
一句话，在云浪中寻遍，
不知落到哪一处？流水已经
渐渐的清寒，载着落叶
穿过空的石桥，白栏杆，
叫人不忍再看，红叶去年
同踏过的脚迹火一般。
…………
平静，我的脚步，慢点儿去，
别相信谁曾安排下梦来！
…………

　　这个女子仿佛从没有忘记过寻梦。她的梦不是缥缈在云端，虚幻迷离
得让人无法把握，她的梦只是人间草木，是一花一叶，是鲜艳的生命，是
生存的力量，亦是人生的信念。所以读林徽因的诗，无须过于深入，那缕
清风就可以掸去你积压已久的尘埃，使你忘记岁月带来的疲累。

　　也许林徽因亦是依靠这些灵动的文字来消解疲乏，来忘记疼痛。每
个人心中都有一道暗伤，这个伤口不轻易对人显露，而自己也不敢轻易碰

触，总希望掩藏在最深的角落，让岁月的青苔覆盖，不见阳光，不经雨露，以为这样，有一天伤口会随着时光淡去。也许真的如此，时间是世上最好的良药，它可以治愈你的伤口，让曾经刻骨的爱恋也变得模糊不清。

忘记最好的办法是让自己忙碌，忙到没有时间去回忆过往。但如此不是长久之计，一旦闲散下来，那些无边的思绪会如潮水般涌出，泛滥成灾的记忆伤得人措手不及。所以人生应该以缓慢的姿态行走，如此心境，就没有大起大落，也无大悲大喜。

想来林徽因这样聪慧的女子早已悟懂这些，所以无论遭遇什么，她都可以从容以对，徐志摩的死几乎带走了她内心对美好情怀的所有梦想。以为思绪会枯竭，以为情怀会更改，可她没有沉陷于悲伤，已然拾起笔，写下灵动的篇章。她是这样的女子，任何时候都深知自己所要的是怎样的生活。每当她走至人生岔路口，她可以很清楚分辨出自己要走的路，或转弯，或前行，都那样从容不迫。

1937年，林徽因和梁思成应顾祝同邀请，到西安做小雁塔的继修计划，同时还到西安、长安、临潼、户县、耀县（现为铜川市耀州区——编者注）等处做古建筑考察。之后，林徽因又同梁思成、莫宗江、纪玉堂赴五台山考察古建筑。林徽因意外地发现榆次宋代的雨花官及唐代佛光寺的建筑年代。这年7月，卢沟桥事变，林徽因等一行人匆匆返回北京。

8月，林徽因一家前往天津，从天津乘船去烟台，又转车到潍坊、青岛，再乘火车前往济南，经徐州、郑州、武汉南下，9月抵长沙。11月下旬，日机轰炸长沙，林徽因一家险些丧生。这一次的灾难让林徽因更加懂得生命的可贵，在硝烟战火面前，任何力量都那么薄弱、不堪一击，此刻你看到的人还在那儿铿锵有力地谈救国，转瞬就可能化为灰烬。

人生最大的痛苦就是看着身边的人濒临死去，而你却没有丝毫的办法来救赎他。见惯了生离死别，依旧无法做到淡定自若。世间草木都有情义，更况人心，你历经再多的生死，看着亲友离去，也终究会心痛难当。

灾难过后，林徽因离开长沙，几番辗转去了昆明。在动乱的战争年代，无论你多么想要安稳，都免不了颠沛流离地奔走。这一路，任何的落脚处都是人生驿站。我们可以把这些驿站当作灵魂的故乡，却永远不要当作可以安身立命的归宿。人的一生只有在结束的时候，才找得到真正的归宿，在这世上的其余时间里，充当的永远都是过客。

王朝更迭，江山易主，世事山河都会变迁，其实我们无须不辞辛劳地去追寻什么永远。活在当下，做每一件自己想做的事，去每一座和自己有缘的城市，看每一道动人心肠的风景，珍惜每一个擦肩的路人。纵算历经颠沛，尝尽苦楚，也无怨悔。

人间许多情事其实只是时光撒下的谎言，而我们却愿意为一个谎言执迷不悟，甚至追忆一生。如果他们的相遇真的是一场美丽的错误，就无须乞求谁的原谅。

人活着，都有一份信念在支撑，心里有了寄托，有了依靠，才可以维系住那些深刻的思想和感情。否则这风烟乱舞的红尘，早晚会将你的意志瓦解，原本清雅的不再清雅，原本端然的不再端然。很多时候，我们明明知道匆匆跋涉并非是为了赶赴某个宿约，但还是要一往直前，纵算有短暂的停留，也躲不过春秋交替、月圆月缺。

直到有一天，风尘满面，谁还可以在时光的明镜里收拾起凋落的容颜？无论你如何掩藏，想要挽留青春的纯真，岁月还是会无情地在你脸上留下年轮的印记与风霜。人的力量多么微不足道，抵不过一寸光阴的削减。过尽流年，以为可以让自己更加深邃成熟，内心却总是面临巨大的洪荒，一刻都不能消停。

如何才可以做一个不惧怕孤独的人，千山万水独自行走，看众生芸芸无尽欢欣，而你却甘愿清淡自持？世间万物都有故事，我们将内心的情感倾注在一草一木、一瓦一檐上，让彼此有了依托，有了坚持行走的理由。无论你是慈悲之人还是残忍之人，都免不了对某种动物或植物动情。这就像是生存的法则，你可以淡然出尘，却不能惨淡独活。

林徽因之所以热爱建筑事业，全凭她对古建筑的钟情，就像她与文字的情结，与人间万物的情结一般。她努力奔走于各个城市，日以继夜地钻研古建筑学术，并非是为了留下响亮的虚名，而在于这份难以割舍的情结。就像人与人之间、人与物之间，一旦有了缘分，彼此的欢喜与执着就再也道不出缘由了。

在那个硝烟弥漫的年代，任何沉静都不能取代纷繁，许多人藏起了雪月风花的心事，让自己深入红尘。今天的生或许就是明日的死，眼前的沧海转瞬就成了桑田。世事风云变幻，让原本模糊不清的生命更加难以把握。我们所要做的，只是在有限的时光里做一切自己认为有意义的事，让人生多一些圆满，少一些无悔。

我是钦佩林徽因的，那些年来，她携一身病骨跟随梁思成奔走于各个城市，尝历风霜，从无怨悔。以她的诗情与柔弱，应该居住在某处深宅大院，端然度日，安享流年，可她偏生爱上了漂泊，像船只一样驶向远方。只是她不孤独，每行至一处都有目的，并且必定会留下灿烂的印痕。而我们可以沿着那些芬芳的足迹，寻找到与她相关的故事。

每个人的人生都是在旅行，只是所走的路径不同，所选择的方向不同，所付出的情感不同，而所发生的故事亦不同。自从林徽因选择了建筑事业，她就明白，自己一生都将做一个奔命的人。她背着空空的行囊上路，一路拾捡，也一路丢失，从不问得到与失去多少。她甚至知道，也许有一天就这样在路上消亡，像落花一样随水飘零，不知道会流向哪里，也不知道哪里是归宿。

1939年年初，因日机轰炸，林徽因一家搬至昆明市郊区龙泉镇龙头村。时局的逼迫令人无法不去躲闪，在命运跟前，有时候你不得不委曲求全。然而此刻的躲闪也只是暂时的安置，纷乱的年代谁也不能偏安一隅，找个村庄乡落从此安身立命不再赶赴滔滔尘海。《桃花源记》里有先世为避秦乱而逃至深山老林，自此与外人间隔。那就像是一个遥远的神话，让多少人泛舟往寻，但最终不获而返。纵算寻到幽静之处，仓促地做了一场桃源之梦，也要匆匆醒来。

许多人携飞沙风尘上路，而林徽因则披微雨落花同行。任何境况下，她都可以做到诗意美丽，不同俗流。她的清雅是与生俱来的，在骨子深处流淌，任何人都无法效仿，所以她所做的考察与研究似乎都与别人有所不同。林徽因为云南大学设计女生宿舍，而这座宿舍因为这位绝代才女，仿佛多了几分典雅与风情。

1940年初冬，营造学社随史语所入川，林徽因一家亦迁至四川南溪县李庄。也许是多年的长途跋涉，万水千山的漂泊，让这个坚强的女子再也支撑不住，她终于病倒了，一直纠缠于身的肺病在茫茫旅途中发作。然而这一病竟是五年。五年，她都卧病在床，再也不能背着行囊山重水复地行走，不能撑着长篙独上兰舟。

此后，这个川南小镇成了林徽因又一人生驿站。如若不是有缘与她这般深入结识，心中一直误以为这个美丽的女子一直生活在多情的江南，来往于繁华的京城，又漂游过浪漫的剑桥，纵算知道她为了建筑事业奔走于各个都市，也不曾想得到，她的人生还有许多的坎坷。人在漂泊的时候，总会感觉到自己力量的微薄，许多时候我们无力改变人生的沟渠，就只好任由流水东逝。

病的时候，林徽因的心格外脆弱，仿佛过往所有的华彩都灭了，而她的心情竟如此毫无血色。病时无事，她开始不厌其烦地怀旧，怀想春花烂漫的小径上，她穿一袭素白的长裙独行，怀想人间四月的无限芳菲，而镜中的自己憔悴得似秋叶黄花，原来竟这般老了，岁月的繁花随水漂流。

留存一段记忆只是片刻，怀想一段记忆却是永远。林徽因永远也忘不了，忘不了当初肺病发作是谁把她从沈阳接到北京香山疗养，又是谁陪伴她寂夜长谈，听雨煮茗，焚香读书。流年真的似水，一去不返，看过的风景也许还可以重来，而逝去的人却再也不会回头。任由你千思万想，他除了偶尔在你梦中彷徨，其余的时间都只是恍惚的印象。

我相信，林徽因在病榻上想得最多的应当是徐志摩。也许她需要梁思成无微不至的关照，需要金岳霖不离不弃的陪伴，但这些都无法填补她内心深处的空落。她需要的是一个可以和她在阳光下晒书品茗，在月色里赏花听风的男子。这个男子给得起她暖意，给得起她对人世一切美好的渴望，可以与她一起分担岁月的辛酸以及世态的茫然。

我们知道，这些只有徐志摩给得起。她本该为他红袖添香，但她终究舍弃了浪漫，选择烟火。她无悔，只是会情不自禁地将他怀念，在每一个落寞的日子里。而他给她的爱，在多年前就已经结束，他的离去那么决绝，仿佛仁至义尽了一般。

我们常说，人到世上是来讨债还债的，讨完了，还清了，就会离开。生命会如此长短不一，会有生离死别，这些都是命定的悲感，我们无可逆转，也不可挽回。人间许多情事其实只是时光撒下的谎言，而我们却愿意为一个谎言执迷不悟，甚至追忆一生。如果他们的相遇真的是一场美丽的错误，就无须乞求谁的原谅。在风尘起落的日子里，愿生者安静，死者安息。

自我救赎

她是一个贪恋岸上烟火的女子，不会让自己逆水行舟，倘若不慎溺水，也会用最美的姿态自我救赎。

人只有将寂寞坐断，才可以重拾喧闹；把悲伤过尽，才可以重见欢颜；把苦涩尝遍，就会自然回甘。信了这些，就可以更坦然地面对人生沟壑，走过四季风霜。言者随意，但生命毕竟是一个漫长的过程，每一寸时光都要自己亲历，每一杯雨露都要自己亲尝。

得意之时，光阴总是倏然而过，仿佛还没有好好享受，美好就消逝得了无影踪。失意之时，则觉得流年缓慢，秋天与春天的距离是那么遥远。想来人只有在闲淡的时候，才有机会掰着指头细数日子。但人生应懂得浓淡有致，珍惜流光的时候，莫忘了时光有时候是用来奢侈的。有时候，一个人静坐一日，比忙碌一天要收获得更多。

人的一生在不断地相遇与离别，每一天与你擦肩的路人都是第一次相逢，也是相别，也许有一天会再度重逢，但是没有谁可以认出谁的背影。所以有时候，我们不必为一个陌生的人计较太多，要知道，每一次转身都是诀别。我们都是彼此的天涯过客，提前消耗了缘分，就不会有重来之时。

林徽因病倒在川南小镇，不能如从前那样行走天涯，生命中也自然少了许多过客。卧病在床的日子，少了烦琐，多了寂寥。这座简朴小镇有素淡的民俗风情，却无当年香山别墅的雅致。在这里，林徽因没有什么朋友，寻常的日子都是独自在小屋里，读几本闲书打发时光，不像当年在香山总是高朋满座，哪怕是养病期间亦不断有社会名流及文友来拜访。

林徽因原本就是一个热爱生命的女子，她喜欢被人围绕着生活，而不愿意静守在狭小的空间里孤芳自赏。她喜爱山间植物，喜爱自然佳景，更愿意与三五知己一同分享那份天然雅趣。最让林徽因怀念的，是在香山养病之时时常陪伴她的人——徐志摩。那些倾心交谈的时光再也找不回来了，所以林徽因害怕生病，生病不仅是身体的痛苦，更是灵魂的折磨。

一　天

今天十二个钟头，

是我十二个客人，

每一个来了，又走了，

最后夕阳拖着影子也走了！

我没有时间盘问我自己胸怀，

黄昏却蹑着脚，好奇的偷着进来！

> 我说：朋友，这次我可不对你诉说啊，
>
> 每次说了，伤我一点骄傲。
>
> 黄昏黯然，无言的走开，
>
> 孤单的，沉默的，我投入夜的怀抱！

这是个寂寞的春天，病中的林徽因用她独特又寂美的文字，表达了她惆怅难言的心境。许多人读完这首小诗都爱不释手，这并非是一首华丽的诗，但道尽了流光的轻薄与生命的无奈。倘若不是在病中，林徽因亦无法有如此的耐心与时光为伍，看着它们像客人一样你来我去。日子过得久了也没有新奇可言，无非就只是这些，蹉跎也好，珍惜也罢，都是一种意味，一样色彩。

在川南李庄卧病的日子，林徽因没有让自己彻底闲下来。1942年，梁思成接受委托，开始编写《中国建筑史》。林徽因亦按捺不住，为写作《中国建筑史》而抱病阅读"二十四史"做足资料准备，并写了该书的五代、宋、辽、金部分，又承担了全部书稿的校阅和补充工作。正因为她如此通宵达旦的努力再次消耗体力，病情一直不得好转。但是林徽因对工作的热忱是无人可以劝阻的，这个骄傲好强的女子向来只听从自己的心。

忙碌的工作使得林徽因的病情再度加重，此后的日子她多半卧病在床，除了偶尔阅读史料，其余的时光都是在静坐或静躺中度过。想来忙于工作的梁思成并没有太多的时间陪她，而多年来一直与她为邻的金岳霖应当会抽闲为她解闷。以往听到金岳霖一直追随林徽因，只觉得应当是在北京某处安稳的院落，两家隔着几座宅院，相约为邻。可如今方知林徽因这一生并不安稳，她四处漂游，不曾有长久的归宿，难道金岳霖也为她如此奔走于各个城市小镇、乡野山村？

倘若真的是，这种无须诺言的相守确实令人感动。到底是怎样一个女子可以让一个男人如此为她毫无怨悔地付出，数年来禁受寂寞的消磨？或许金岳霖从来不觉得寂寞，因为他只要可以守护在林徽因身边，可以和她在同一片天空下呼吸，可以偶尔看到她的微笑，甚至为她煎药端水，都是一种幸福。一个沉浸在幸福中的人，满足都来不及，又何来寂寞？就算不是，这个男子亦会在她需要的时候出现在她身边，让她随时可以找到自己的身影。

有时候，深爱一个人可以爱到不要自己，爱到放弃一切。在找不到任何理由的时候，只当今生所有无私的付出是因了前世相欠，否则再没有谁可以诠释其间的因果。若说有缘，自当携手共度岁月，可偏生就有那些缺憾，让许多付出终究无果。

十一月的小村

我想象我在轻轻的独语：

十一月的小村外是怎样个去处？

是这渺茫江边淡泊的天；

是这映红了的叶子疏疏隔着雾；

是乡愁，是这许多说不出的寂寞；

还是这条独自转折来去的山路？

是村子迷惘了，绕出一丝丝青烟；

是那白沙一片篁竹围着的茅屋？

是枯柴爆裂着灶火的声响，

是童子缩颈落叶林中的歌唱？

是老农随着耕牛，远远过去，

还是那坡边零落在吃草的牛羊？

是什么做成这十一月的心，

十一月的灵魂又是谁的病？

山坳子叫我立住的仅是一面黄土墙；

下午透过云霭那点子太阳！

一棵野藤绊住一角老墙头，斜睨

两根青石架起的大门，倒在路旁

无论我坐着，我又走开，

我都一样心跳；我的心前

虽然烦乱，总像绕着许多云彩，

但寂寂一湾水田，这几处荒坟，

它们永说不清谁是这一切主宰

我折一根柱枝，看下午最长的日影

要等待十一月的回答微风中吹来。

　　这是林徽因病中的姿态，看似描写素朴乡村简单的安宁，却终究还是感受到初冬的萧索与凉意。她没有浓墨重彩，只用淡淡几笔勾勒这个十一月的田园小村，却无比的形象生动。十一月的心有些清瘦，十一月的灵魂是谁的病，她用无言的感伤摄住读者的心魄。而我们又会被她丝丝青烟、篁竹围着的茅屋、零落的牛羊所感染，让人想要抵达这个宁静的地方，这个十一月的小村。也是在这一季，林徽因还写下了一首长诗《哭三弟》。三年前，其三弟恒在抗战中身亡，但她早已习惯了在黑夜中等待黎明的到来。

想来这就是林徽因不同于其他才女之处，无论何时何地，她都不会用大量悲伤的文字来渲染其心境。她骄傲却不孤绝，她清新却不薄冷，她安静却不寡淡。无论是生活中的林徽因，还是诗中的林徽因，都那么让人喜爱。我们无须任何防备，可以安然地走进她的世界，因为任何时候都不用担心会找不到出路。她既不是让人穿肠而死的毒酒，也不是绚烂至极的芍药，她只是一杯清淡耐品的闲茶，一朵雅致素净的莲花。

林徽因知道，一切苦痛都要自己承担，她没有理由将自己的病痛强加在任何人身上，所以纵算卧病整整五年，也让文字不悲不泣，让日子过得不惊不扰。这是一个值得世人钦佩的女子，也许她征服不了命运，却可以驾驭自己的情感，把握自己的心。她是一个贪恋岸上烟火的女子，不会让自己逆水行舟，倘若不慎溺水，也会用最美的姿态自我救赎。

只有爱了才会闻风柔软，看雨生情；
只有爱了才会感时花溅泪，恨别鸟惊心。

· 第六卷 ·

人生聚散两依依

焚书取暖

> 在她的心里，人生是一支曲子，而她是那个歌唱者。这是个永远歌唱的女子，哪怕有一天她真的离开人世，她的灵魂亦会生生不息。

人生有太多过往不能被复制，比如青春、比如情感、比如幸福、比如健康，以及许多过去的美好连同往日的悲剧都不可重复。这样也好，既是拥有过，又何惧此刻的失去。有人说，人在世上的时间越长，失去的则会越多。因为看着身边的人一个个离我们而去，又无力挽回，而那些新生的绿意却总是与自己格格不入。或许这就是年轮的代价，每个人都必须付出的代价，时光不容许你讨价还价，该散去的，终究会不再属于你。

也许很多人都很想知道，死去的人在阴冥之境是否可以再度相逢。走过忘川，又真的会有奈何桥吗？如果有，那些殉情的人尚且是值得的。倘若没有，黄泉路上烟雾渺茫，寻找不到那个人，该如何是好？这一切都是猜测，谁也不知道人在死后是否还可以魂魄相会，又是否可以一起投胎转世再续前缘。

之所以说这些，并非是突发奇想。徐志摩当初意外死去，林徽因固然伤心欲绝，但是不至于到殉情的地步。再说林徽因与徐志摩的那段感情早已成过往，就算他们彼此有情，以林徽因的理性，她断然不会为任何人轻生。而当时与徐志摩热烈相爱的陆小曼，闻得徐志摩死讯，哭得肝肠寸断，也不曾想过上天入地将他追随。她们所想的，也许是在自己离世之后，于另一个世界与爱过的人重逢，如此已是最大的情分了。

1945年，日本侵略者宣布无条件投降，多年的动乱总算得以平息。一场漫长的战争让整个中国都被灼伤，而那些被烟熏火燎过的人都需要好好地疗伤。多少人用生命换取了如今的盛世太平，可只有那些活着的人才可以享受这等风流时序。人出生的年代，不是自己可以选择的，也因为有了这许多的磨砺，我们才会重新审视生命。

也正是在这一年，梁思成陪林徽因到重庆，林徽因的身体愈发虚弱。经大夫诊断，林徽因将不久于人世。朋友听后不胜悲戚，又不忍将实情告之林徽因。他们深知徽因是个好强的女子，不肯向命运低头，若她得知自己来日无多，则会更加提前预支时光，消耗生命。整整五年的卧病生涯，让那个曾经风华绝代的女子已不复旧时容颜，但病弱的林徽因一直怀有一颗坚韧不拔的心，哪怕病到形销骨立，也依然不肯丢下她挚爱的事业与文字。

或许是上苍眷顾，在医生诊断之后，还让这位才女在世间存活了十年。十年，这段虽说短暂却也漫长的光阴，让林徽因的人生得以更加充实。事业上，她做出了许多成就；文学上，她多出了很多优秀作品。想来定是事业与文字消减了她的病痛，延续了她的生命。多少次，她让自己坚定地活下去，不是因为贪恋尘世繁华，而是割舍不了心中的梦想。

人活在世上，有太多的东西是我们不能割舍的。哪怕一个万念俱灰的人，在临死前还可能会有一丝想存活的意念。比如看到一缕和暖的阳光，看到一只闲庭信步的蚂蚁，看到一株风中摇曳的绿草，只在刹那，他或许就明白，原来活着竟是这般的好。人生往往就是如此，许多苦思冥想都参悟不透的道理，就在某个寻常的瞬间，一切都有了答案。

林徽因是一个热爱生命的人，就如同她喜欢人间四月，喜欢碧绿无瑕，喜欢月圆花开。所以以她的性情，不会轻易辜负任何一个春天，亦不会轻易错过任何一个路人。在她的眼中，每一种生物都被赋予了情感，每一处山水都深藏着内蕴，每一个过客都该有一段美丽交集。所以她喜欢烟火人间，甘愿为这红尘赴汤蹈火，在所不辞。

许多人爱上林徽因，爱的不仅是她的才情，不只是她的成就，爱的是她优雅的气韵，是她骨子里的坚定，是那种在任何境况下都可以让生命苍翠葱茏的美好。她不容许自己有丝毫的错过，更不允许自己提前凋零。所以林徽因只要病情稍有好转，便开始奔走，匆匆赶赴那一场春光。

1946年，四十二岁的林徽因乘机去昆明，她住在张奚若家附近的一处房子中，这房子正对着唐继尧故居的大花园。在昆明的这段时间，她与张奚若、钱端升、金岳霖等旧友重聚。7月，梁林夫妇同西南联大教工由重庆乘机返回北京。回京后，林徽因为清华大学设计胜因院教师住宅。若非大夫说过林徽因的病情，没有人相信，这样一个富有生机的女子舍得与这红尘诀别。在她身上，仿佛有无限的充沛的力量，让所有的人愿意为她折腰。

　　而1947年，这个夏天更是让林徽因难以忘怀。饱经欧战浸染的萧乾由上海来清华园探望她。因为年岁的增长，彼此阅历深厚，所以他们费了很久的时间做了一次深刻的言谈，各自诉说七年来的人生经历。春秋转换，彼此容颜微改，邂逅的人不同，发生的故事也不同。七年，莫说是两位著名的作家，就算是一个平凡的人，也必定经历不少风云世事。

　　细数流年，过往的千灾万难到如今都成了回忆，成为茶余饭后闲聊的话题。人生聚散无常，起落不定，但是走过去了，一切便已从容。无论是悲伤还是喜乐，翻阅过的光阴都不可能重来。曾经执着的事如今或许早已不值一提，曾经深爱的人或许已经成了陌路。这些看似浅显的道理，非要亲历过才能深悟。

人　生

人生，
你是一支曲子，
我是歌唱的；

你是河流
我是条船，一片小白帆
我是个行旅者的时候，
你，田野，山林，峰峦。

无论怎样，

颠倒密切中牵连着

你和我，

我永从你中间经过；

我生存，

你是我生存的河道，

理由同力量。

你的存在

则是我胸前心跳里

五色的绚彩

但我们彼此交错

并未彼此留难。

…………

现在我死了，

你，——

我把你再交给他人负担！

　　人生到底是什么，在不同人的眼里有不同的意味。人生像棋，人生如酒，人生若梦，人生似戏，我们所能做的只是在命定的故事中演绎自己，既充当主角，又扮演配角，时而浓烈，时而清淡。其实世事大多如此，只是人的性情不同、遭遇不同，才将人生舞得这样异彩纷呈。

　　被病痛纠缠多年的林徽因，她的诗并没有显露消极之意。在她的心里，人生是一支曲子，而她是那个歌唱者。这是个永远歌唱的女子，哪怕有一天她真的离开人世，她的灵魂亦会生生不息。她写诗，是为了让灵魂自由舒展，给乏味枯燥的人生描上色彩，同时也是为了打发寂寥的光阴。

所以，无论在多困难多纷乱的时候，林徽因始终没有停止过她的笔，这种无须诺言的相伴成为一种令人钦佩的默契。也许我们的心时常会寂寞、会荒芜，而文字可以给人无穷无尽的灵思。然而与文字的邂逅也需要缘分，如果有缘，当自珍惜，倘若无缘，不得识字，还可以划火，焚书取暖。

此消彼长

林徽因是这样的聪慧，她让自己漫步在车水马龙的尘世，而灵魂像一只青鸟，栖息在春天烂漫的枝头。所以尽管她的生命里亦有许多的残缺，而我们看到的则是花好月圆。

　　也许我们都会有这样的体会，小的时候会觉得日子太缓慢，总期待自己可以长大，至少长到可以站在窗台前看一盆花开，可以站在树藤下采到一串青涩的葡萄。可真的长大了，却觉得流年似水，只一个转身，就远离了那个纯真多梦的年代，为了生活而奔忙于红尘深处。再老一些，仿佛一夜间就满头白发，而回想过往，就像划了一根火柴，只消刹那，便将一生的光阴燃烧殆尽。

无　题

什么时候再能有
那一片静；
溶溶在春风中立着，

面对着山，面对着小河流？

什么时候还能那样
满掬着希望；
披拂新绿，耳语似的诗思，
登上城楼，更听那一声钟响？

什么时候，又什么时候，心
才真能懂得
这时间的距离；山河的年岁；
昨天的静，钟声
昨天的人
怎样又在今天里划下一道影！

　　林徽因的诗，仿佛无须询问山河的年岁，她的心总能守住春天，守住那片绿意。我们都知道，姹紫嫣红的春光固然赏心悦目，却也抵不过四季流转，该开幕时总会开幕，该散场时终要散场。但我们的心灵可以栽种一株菩提树，四季常青。林徽因是这样的聪慧，她让自己漫步在车水马龙的尘世，而灵魂像一只青鸟，栖息在春天烂漫的枝头。所以尽管她的生命里亦有许多的残缺，而我们看到的则是花好月圆。

　　任凭时光飞逝，物转星移，在林徽因的光年里，桃花依旧笑看春风。也许是我们太过忙碌，忽略了嘈杂的街市也会有清新的风景，又或许是我们在修炼的过程中，总是欠缺了一些什么重要的片段。或许，人生需要留白，残荷缺月也是一种美丽，粗茶淡饭也是一种幸福。生活原本就不是乞讨，所以无论日子过得多么窘迫，都要从容地走下去，不辜负一世韶光。

1949年，北京解放，四十五岁的林徽因被聘为清华大学建筑系一级教授。此时的她，就像一朵绚烂的晚云，在落日的河岸绽放出琉璃的光彩。硝烟散去的天空重见当年明月，那些隐蔽的星辰又开始遵循各自的星相有了新的排列。而那些逝去的人就像流星一样陨落，刹那光芒之后，便无声无息。活着的人亦不必为他们的辞世做深情的告别，因为过奈何桥也不能蜂拥而至，亦有早晚之分。

对于林徽因来说，她的事业如日当空，而生命却开始走向黄昏，有一天将伴随夕阳坠落。其实，四十五岁对于一个成熟女性来说，是人生最鼎盛的季节。可我们分明看到她优雅的背影带着一种难言的瘦瘠。倘若没有旧疾缠身，她该美得像一杯甘醇的陈年佳酿，经久耐品，芬芳醉人。但浮世清欢，终如梦幻泡影，人生一世，一定有些什么是可以永远留住的。事业的万丈荣光虽会消散，但那些定格在历史书页里的成就与辉煌则是永恒。

这一年，政协筹委会决定把国徽设计任务交给清华大学和中央美院。清华大学小组由林徽因、李宗津、莫宗江、朱畅中等人参与设计工作。如若不是看着她一路走来的艰辛与付出的努力，我们真的不会相信，一个写下人间四月天的柔弱女子会拥有这等至高的荣耀。设计国徽是多少人梦寐以求的事，而林徽因在诸多学术专家中脱颖而出，当是巾帼不让须眉。阅读一个人，或许只需三五日，而深入了解一个人，需要多久？如若只读林徽因的诗，我们脑海里浮现的则会是一个清秀娉婷的女子，应该没有一丝锋芒与睿智，有的只是轻灵与典雅。她应该柔软而不坚决，出尘而不染烟火，这样的女子当养在深闺，与花草为邻，与诗书做伴。然而一切都不是我们想象的那般，她爱烟火人间，渴慕与世俗为伍，愿为事业献身。正因为有心如此，所以她才会更加出类拔萃，如中天皓月那般澄澈清明。

这个好强的女子带病钻研国徽设计，每日废寝忘食，极度消耗体力。以她的个性，决不会轻易让自己倒下，就算让她预支将来的年华，减去寿命，亦在所不惜。对于林徽因来说，这一生虽获得无数荣耀，但设计国徽是其他任何物事都无法取代的尊荣，她必须全力以赴，就像在浩瀚的苍穹寻找那颗明亮的星子，在无垠的碧海寻找那朵璀璨的浪花，在万木的丛林寻找那一树伟岸的青松。

不是所有的付出都会有同等的收获，但是辛勤耕耘总是会有回报。历经数月的努力，清华大学和中央美院设计的国徽图案完成，并在中南海怀仁堂评选。经周总理广泛征求意见，清华小组设计图案以布局严谨、构图庄重中选。这则消息带给林徽因莫大的喜悦，如此成果，给她本就灿烂的人生再添一抹华彩。林徽因所做的一切努力，没有丝毫是为了名利，她只希望有一天细数一生历程，走过的都是无悔。

1950年6月23日，林徽因被特邀参加全国政协第一届二次会议。9月30日，中央人民政府主席毛泽东公布中华人民共和国国徽图案的命令。对于林徽因来说，也算是尘埃落定，此次设计是她人生的又一圆满。是年，林徽因被任命为北京都市计划委员会委员兼工程师，提出修建"城墙公园"的设想。这就是林徽因，像繁花一样在枝头绽放，迟迟不肯凋谢。又或许，根本就还没有到凋谢的时候，是我们过于平凡，所以才会如此一次次以仰望的姿态看她。

　　一个庸常的人渴望的是这样的高度，惧怕的亦是这样的高度。因为平庸，与这些高度注定无缘，而那些习惯了在云端的人早已可以泰然自若、俯瞰众生、心存平和。只是高处难免不胜寒，再如意的人生也是此消彼长。繁华之后是落寞，鼎盛之后是消亡。万物都要遵循自然规律，生死荣枯，半点不由人。

　　其实我们何尝不知，每个人的性格都是懦弱与勇敢交织。在悲喜难测的日子里，又怎么可以做到尽善尽美。既知一切空幻，又何须在乎众生来去，何必计较浮名得失。我始终相信，这一生的旅程冥冥中自有某种生灵在指引你我。我更加相信，无论这一路我们收获了多少，等到圆满之日，一切都将抛弃。

　　所以，许多看似拥有的，其实未必真的拥有。那些看似离去的，其实未必真的离开。倘若因果真有定数，有朝一日，该忘记的都要忘记，该重逢的还会重逢。只不过岁月乱云飞渡，那时候或许已经换过另一种方式，另一份心境。而信步寻梦的人，在拥挤的尘路上相遇，也许陌生，也许熟悉，也许相依，也许背离。

聚散依依

有些人，值得她用一生深情抒写，有些人，则要她用一世平淡相守，还有些人，却是任由她随意辜负。

有人说，林徽因的一生就像一出戏，虽没有大起大落，却也一波三折。那些来往于她生命中的过客，在戏台上出将入相，忙碌不堪。也有人说，林徽因的一生就是一本美丽的诗集，在人间四月写着青春的赞歌。还有人说，林徽因的一生就像是一锅小米粥，用时间的炉火慢慢熬煮，越久越香。

千万个人心中，就有千万个林徽因，所以对于她的人物性格以及心情故事有所争执亦属平常。就像久远的历史，早已在岁月的风尘中销声匿迹，我们也只能凭借一些书籍典故来探看模糊不清的昨天。这个叫林徽因的女子离开我们不过数十年，有关她的前尘往事还历历在目。倘若真的有缘，她的魂魄将化身千百亿，而我们必定会按照自己想要的方式与她相遇。

世间万物都有性灵，所以就算不是风华绝代的林徽因，也可以幻化出许多绝美的姿态。哪怕是一字不识的凡夫，也可以让生活充满诗情；哪怕是一偈不参的俗人，也可以悟懂深刻禅意。在这喧闹的凡尘，我们都需要有适合自己的地方安放灵魂。也许是一座安静宅院，也许是一本无字经书，也许是一条迷津小路，只要是自己心之所往，就都是驿站，将来启程也不再那么迷惘。

　　这几年，林徽因仿佛停止了对往事的怀想，将所有的精力都付诸事业，不再沉浸于虚无的情感，不再计较成败得失。四十七岁，对于一个健康女性来说，还有足够的精力来应付生活的琐碎，可久病的林徽因却觉得自己已到了迟暮之龄，而她所要做的，就是让自己在迟暮中开出最绝美的花朵。

　　这让我想起了昙花，它总是选择在暮色时分开放，开时极其绚烂，仿佛要在瞬间将一生的美丽都释放。然而事实就是如此，花开只有今宵，难见明日。所谓昙花一现，赏花之人打个盹，便错过了那个绽放的过程，极致之后是惨淡的消退。林徽因是那树昙花吗？年轻的时候，她是那朵白莲，在月光下独自清雅，如今被岁月打理过的容颜不复当年，她选择做一朵昙花，灿烂地开过便作罢。

　　林徽因自认为可以把握在这尘世余留不多的时光。她深知自己的病情，所以不舍得再浪费一点光阴。1952年，亚太地区和平会议即将在北京召开，筹备组决定给每位代表送上礼物，并将其中一部分礼物的设计和准备工作交给林徽因负责。林徽因想借此机会抢救濒于消亡的景泰蓝传统工艺，遂抱病与莫宗江、常莎娜、钱美华等深入作坊做调查研究，并设计了一批具有民族风格的新颖图案。这批礼品深受与会人员欢迎。

林徽因是真正的才女，她在设计方面具有独到的眼光和超凡的见解。她的成就，一半是缘于她的努力，然而更多的则是因为她骨子里的灵性。无论是诗歌创作，还是所设计的作品，都离不开那份灵逸。所以与林徽因相关的物事我们无须深入探寻，便会生出一见如故之感。她优雅的气韵、斐然的才情似一缕春风拂过每个人的心田，清新、温和、柔美又生动。

1952年，梁思成和刘开渠主持设计人民英雄纪念碑，林徽因被任命为人民英雄纪念碑兴建委员会委员。身边的许多亲友都劝她歇息一段时日，找个清净之处养病，可固执的林徽因依旧抱病参加设计工作，与助手关肇邺一起，经过认真推敲、反复研究，完成了须弥座的图案设计。须弥座，冥冥之中让林徽因结下了一段佛缘，那朵朵莲瓣退去尘世铅华，有一种难以言说的静美。

同年5月，为迎接即将到来的建设高潮，林徽因、梁思成翻译完成的《苏联卫国战争被毁地区之重建》一书由上海龙门联合书局印行，为国家建设提供了借鉴。林徽因应《新观察》杂志之约，在极短的时间里撰写了《中山堂》《北海公园》《天坛》《颐和园》《雍和宫》《故宫》等一组介绍我国古建筑的文章。如此成果，让人叹服到无言，或许这世上也只有林徽因可以做到。

　　我始终相信，我们费心所做的每一件事，其实都是在成全自我。这是个积累的过程，从无到有，又从有到无；从舍得到不舍，又从不舍到舍得。只为了离开人世的那一天可以少些牵挂，少些遗憾，不为圆满，但求心安。其实一路走来，每一个季节都有残缺，每一个故事都有暗伤。情感虚虚实实，光阴明明灭灭，要让自己做到清醒，真的不易。你想要的未必属于自己，你得到的却未必是所期待的。

　　每当暮色降临，晚风蹀进窗牖，林徽因还是无法抑制心中的感想。失去了徐志摩，她看似坚定地活着，但志摩的离去始终是春天的一道暗伤。无论林徽因多么努力掩饰自己的心情，都无法让伤口愈合。在她身边有宠她爱她的梁思成，有敬她怜她的金岳霖，但他们的爱焐不暖她内心那个角落的凉。

　　那个属于徐志摩的角落，林徽因将之囚禁，让蔓草疯长不息，让微雨淅沥不止。她愿意如此为一个消逝的灵魂做着不同寻常的祭奠，但没有人觉察得到，因为林徽因不会让任何人走进那片诗意的净土。她用自己美丽的一生写下一本薄厚恰好的诗集，期待有朝一日在某个世界里与他重逢时，听他讲解前缘后世。

　　真正的心情只有一个人懂，徐志摩是那个可以陪她筑梦的男子，而梁思成则是和她一起吞噬烟火的人，金岳霖是愿意默默守候与她荣辱与共的人。有些人，值得她用一生深情抒写，有些人，则要她用一世平淡相守，还有些人，却是任由她随意辜负。

记　忆

断续的曲子，最美或最温柔的
夜，带着一天的星。
记忆的梗上，谁不有
两三朵娉婷，披着情绪的花
无名的展开
野荷的香馥，
每一瓣静处的月明。

湖上风吹过，头发乱了，或是
水面皱起像鱼鳞的锦。
四面里的辽阔，如同梦
荡漾着中心彷徨的过往
不着痕迹，谁都
认识那图画，
沉在水底记忆的倒影！

写得真好，是啊，记忆的梗上，谁不有，两三朵娉婷，披着情绪的花，无名的展开。但不是所有的记忆都是花开，也有晦涩与凋残。就像不是所有的过往都是美好，还有许多我们想要擦去却擦不去的残痕。有人说，疼痛的往事可以选择忘记，可纵算忘记了，并不意味着真的不存在。既是省略不去的过程，就只好默默忍受，只当是年少不经世事所犯下的无知错误。

没有什么缘分可以维系一生，再华丽的筵席也会有散场的那一天。既知如此，又何必聚散两依依。我们都是人生场景中的过客，这段场景走来了一些人，那段场景又走失了一些人。如果我们守不住约定，就不要轻许诺言，纵算年华老去，还可以独自品尝那杯用烦恼和快乐酿造的美酒。

翩然辞别

十年，她既孤独又充实，既辛苦又满足。她用十年的光阴创造生命里最后的传奇，也用十年的忘记来结束她与这纷繁尘世的最后缘分。

年少时，或许因为年华是翠绿的，所以喜欢霜染枫林的深秋，向往在红叶满地的山径漫无止境地前行，哪怕月迷津渡，也无须担忧寻不见红尘归路。那时候说过，一个人是诗，两个人是画。流光老去，便开始无法制止地贪恋万紫千红的春天，总希望未来的日子可以季季逢春。这样奢侈的念头终抵不过缤纷的落英，那点点花痕，也不知道入了谁人的眼。

林徽因就像春天枝头的那朵繁花，一开就是好多年，迟迟不肯凋谢。她虽然甘愿俯落红尘，和众生一起经受冷暖交织的日子，但她始终以一种典雅的高度让世人爱慕。有段话是这么写的："林徽因向来是一个群体的中心，不管是远远向往着的群众，还是登堂入室加入她的沙龙的客人，旁人得到的画像，总是一群男人如壁脚灯一样地抬头仰望她，用柔和的光线烘托她，愈发显得她眼波灵转，顾盼生姿。"

出身名门，少女时代就随父亲遍游各国，赏阅人世繁华的是她。战争时期，困居李庄，穿着素朴衣裳，拎了瓶子上街头打油买盐的还是她。被无数爱慕者捧如天空最璀璨的星辰是她，为了考察工作落魄于穷乡僻壤、荒凉古刹的也是她。着一袭白色纱裙，倾城绝色的是她，被病痛缠身，容颜更改的也是她。这样的女子，无论从何种角度去观赏，都是一道别致的风景，在她的身上永远有耐人寻味的故事发生。这就是林徽因。

1953年9月，林徽因被邀参加全国文学艺术工作者第二次代表大会，全国美术家协会负责人江丰做了报告，对林徽因和清华小组挽救景泰蓝的成果给予了充分肯定和高度评价。而景泰蓝的图案设计则成了林徽因此生最后一笔激情。此后她再也没能参与任何的古建筑设计，也不再做那异城乡客，在山山水水中穿行。10月，林徽因被推选为中国建筑学会理事，并任《建筑学报》编委。

从来，林徽因都向往在人间摆渡，有鸥鸟做伴，有星光送别。无论是萍水相逢，还是深刻相交，她都同等相待。既不会热忱如火，更不会寒冷似冰，只是在交往中多一份友善与平和。这一生，她遇见过许多人，有刻骨铭心的，也有转身即忘的。但在她离开的那一天，无论浅淡与深邃，都要如数归还。就算再念念不忘也无补于事，这是人世的规则，我们都要遵从。

1954年，五十岁的林徽因当选为北京市人民代表大会代表。她就像那轮明月，始终被戴上美丽的光环，只是再华美的光环在黎明到来之前也会消退。就像林徽因笔下的春天，她是那个被封印在人间四月的女子，却终究有一天要走出来，和韶光做无奈的诀别。

很无意的日子，林徽因迎来了生命里的秋天。或许是习惯了春日的和暖，竟经受不住冷秋的萧索。林徽因不抵郊外风寒，一直被她苦苦压制的病情终于在这个晚秋爆发，她因病情恶化住进了同仁医院。这些年，她一直用坚强抵抗病痛，为的是可以完美地完成岁月赋予她的使命。

这个看似柔弱的女子，其实有着比任何人都要好强的心。在她落魄潦倒之时，在她卧病在床之时，都不肯有丝毫的屈服，手中那支笔从未停止过耕耘，哪怕严重到整整五年卧病不起，她依旧创作了许多首诗歌，并且为古建筑写下许多重要的学术报告与书籍。在她看来，任何的放弃都是背叛，都是辜负。骄傲如她，不允许人生有太多的残缺，她要的是无悔，是完美。

当我看到这段文字时，对林徽因更加敬佩，对她有了更深的认识。萧乾先生在绝笔《一代才女林徽因》中记道："听说徽因得了很严重的肺病，还经常得卧床休息。可她哪像个病人，穿了一身骑马装……她说起话来，别人几乎插不上嘴。……徽因的健谈决不是结了婚的妇人那种闲言碎语，而常是有学识，有见地，犀利敏捷的批评。……她从不拐弯抹角，模棱两可。这种纯学术的批评，也从来没有人记仇。我常常折服于徽因过人的艺术悟性。"

正是因为林徽因的乐观与豁达，十年前医生已经说过，林徽因将不久于人世，以为最多只有三五年光景，然而她以非凡的毅力熬过了十年。而这十年，林徽因不是在病榻上度过，她用这最珍贵的十年在中国古代建筑的研究上取得了巨大成就。十年，她既孤独又充实，既辛苦又满足。她用十年的光阴创造了生命里最后的传奇，也用十年的忘记来结束她与这纷繁尘世最后的缘分。

时　间

人间的季候永远不断在转变

春时你留下多处残红，翩然辞别，

本不想回来时同谁叹息秋天！

现在连秋云黄叶又已失落去

辽远里，剩下灰色的长空一片

透彻的寂寞，你忍听冷风独语？

　　林徽因的春天似乎只留下了几许残红，就真的翩然辞别了。她真是了不起的女子，就连辞别都是翩然的。没有多少苍凉，只有淡淡的叹息，在碧云满天、黄叶飘离的清秋。她比我们任何人都明白，人间的季节从来都是在不断地转变，只有心中的春色可以不改容颜。看惯了草木的荣枯、秋月的圆缺，人生之无常聚散早已算不得什么。许是会有浅淡的惆怅，但终究让人无言。

　　此时的林徽因在医院一株苍老的梧桐树下，看秋叶以优雅的姿态飘落于地。许久没有这样看时光缓慢地流淌，没有像现在这样看阳光下所有生物细微地成长与老去，没有这样闻着凉风的味道，为一只秋虫无端地心痛。她想起昨晚在镜前看到两鬓的几根白发，才知道，那个身着白裙的清纯少女真的老了。

　　是自己炼就一把锋利的刀，残忍地削去流年，如今的瘦怯也只好自己独尝。尽管这一生林徽因从未真正有过寂寞，徐志摩对她百般依恋，梁思成对她疼爱有加，金岳霖对她不离不弃。她的诗文已成为那个时代文坛上不可缺少的风景，她的事业更是拥有那个年代许多女子都不曾享有的荣耀。所以，她该无悔，纵算今日面对秋叶飘零，但昨日春花在时间的明镜里，永远不会凋谢。

其实林徽因的一生算是清明，一路行来，虽不是坦荡之道，却也无须在刀尖上舞蹈。人生宿命虽然有太多纠葛，但林徽因一直是理性之人，一笔一画她都把握得极有分寸，所以没有太多的涂涂改改。但岁月因为有了缺憾才完美，人生有了修改才真实。

盛筵散场

她开始渴望一个人的世界，一杯茶，一本书，像蝶一样活着，寂寞又清冷。她开始明白，这一生，只有此刻才真正静了下来。

你若安好，便是晴天。这句话第一次是在哪儿看到的已经记不得，又到底是谁的原创更加无从得知。相信读过这句话的人心中都会生出几许暖意，像是对某个远去故人的祝福，又好似对所爱之人一声温和的叮咛。仿佛只要对方幸福，那么这个世界从此就不再下雨，只有晴天。

既是说出如此珍重的话，就该有一场美丽的离别。在散场之前，彼此再牵一次手，再对视一回，之后爱与不爱，见与不见，都不重要。我总以为，在人生诸多的交往中，任何一次深情的回首都是让自己万劫不复。其实所谓的情深不过是交付一切，忘记时光，忘记自己，不给自己留任何的退路。

多少人禁不住岸上繁华诱惑，已经不知道转了几次弯，为什么自己还要痴痴留在原地？过往的义重情深在无言的岁月里早已不值一提。不要问谁是来者，谁是归客，只当作狭路相逢，彼此交换了一个眼神，而后继续奔赴前程，远走他乡。所有的往事都有一重门，也许虚掩，也许深闭，但都属于曾经。我们可以选择推开，也可以选择尘封，任何抉择都是理所应当。

林徽因在安静的病房里做了一个梦，梦见天空下了一场雨。醒来的时候，她哭了，不知道是天空的错，还是她的错。雨后的天空无比澄澈明净，仿佛一切事物都可以重来，一切都可以重新开始。花草可以重新生长，虫蚁可以褪去昨日的华衣回到初时模样。只是老去的人，还可以重拾青春容颜吗？

雨后天

我爱这雨后天，

这平原的青草一片！

我的心没底止的跟着风吹，

风吹：

吹远了草香，落叶，

吹远了一缕云，像烟——

像烟。

喜欢雨后的天空，可以让寸草不生的土地遍生绿意，可以将一颗蒙尘的心变得清亮洁净。雨后的晴天比任何时候都要美丽，就算没有彩虹，也有一朵白云会对你微笑。这样的心情与风月情事无关，只是对天然的挚爱。

多少年了，只有此刻觉得时光像一杯纯净的水，又像一缕朦胧的烟。病中的她已经不计较什么故事开始，什么情节又结束。她明白，她的世界所有的鲜花和掌声都要行将散场，曾经多少璀璨都要像烟花一样落地生凉。是的，纵算你拥有至高荣耀，到最后，人生这幕戏还是要自己收场。

林徽因住进了同仁医院，再不像从前那样被人围绕着生活。因为病重，她需要真正的静养，她甚至可以感觉到，自己的生命真的像秋叶一样渐次枯萎。每每有朋友来医院探望，曾经爱言笑的林徽因变得寡言。然而，在她虚弱的时候，竟提出要和张幼仪见一面。为什么要见张幼仪，或许我们都明白，因为张幼仪是徐志摩的前妻，她们之间有着一段难以言说的缘分。

缘分，无论是善缘，还是孽缘，都算是缘分。林徽因和张幼仪之间并不存在孽缘之说，她们只是爱过同一个男子。张幼仪对林徽因有过这样的评价，当她知道徐志摩所爱何人时，曾说"徐志摩的女朋友是另一位思想更复杂、长相更漂亮、双脚完全自由的女士"。她对林徽因其实没有敌意，她虽不及林徽因的才情及修养，但她亦知道，情感之事不能强求。

但张幼仪终究还是怪过林徽因，徐志摩为了林徽因才离开自己，可林徽因既爱了徐志摩，却不和他在一起。张幼仪怪林徽因在最后一刻潜逃，让徐志摩孤独。而她却不怪陆小曼，尽管陆小曼让徐志摩水里火里爱了一场，最后甚至为她而死。但张幼仪不怨，她明白，既是爱了，就该承担，就如同陆小曼，为了徐志摩亦承担了许多。

林徽因要见张幼仪，是因为她始终不忘少女时所犯下的那个错误。尽管徐志摩从没有爱过张幼仪，但如果不是她的出现，他不会那么决绝转身。所以在她离开人世之前，她要亲口对张幼仪说一声抱歉。她忘不了徐志摩，那个已经从她生命里抽离了多年的男子，那个她深爱过的男子。

后来，张幼仪在自传中说到，林徽因病重之后见了她一面。"一个朋友来对我说，林徽因在医院里，刚熬过肺结核大手术，大概活不久了。……做啥林徽因要见我？我要带着阿欢和孙辈去。她虚弱得不能说话，只看着我们，头摆来摆去，好像打量我，我不晓得她想看什么。大概是我不好看，也绷着脸……我想，她此刻要见我一面，是因为她爱徐志摩，也想看一眼他的孩子。"

我想，就算张幼仪当年对林徽因还有些许的怪怨，此时也该冰释前嫌。对于一个行将辞世的人，还有什么不可原谅？更何况当年也并非是林徽因的错，她只是选择自己想要走的路。一个只有十六岁的少女，无须为一段朦胧的初恋付出一生的代价。那时候的她只懂得相爱，不明白何为相守。一个深尝世味的人在情感面前也难免会犯下许多不同的错，何况那个沉浸在梦中的小小女孩，她爱上一个有妇之夫，又怎么可能做到坦然自若？

陆小曼敢于不顾一切和徐志摩相爱，是因为她有过婚姻，真切地知道自己需要的到底是什么。她不再惧怕世俗风雨，只觉过往浪费了太多光阴，所以必须好好为自己活一次。如今想来，陆小曼和徐志摩的结合真像是一种必然，倘若他们的人生没有这段交集就真的太遗憾了。纵算他们之间爱过之后亦有太多的破碎，但是因为这段爱，此生没有白活。

张幼仪走后，林徽因不想再见谁，因为她真的累了。她开始渴望一个人的世界，一杯茶，一本书，像蝶一样活着，寂寞又清冷。她开始明白，这一生，只有此刻才真正静了下来。静的时候，停止了颠沛，不累于外物，只和自己的心说话。

静　坐

冬有冬的来意，
寒冷像花，——
花有花香，冬有回忆一把。
一条枯枝影，青烟色的瘦细，
在午后的窗前拖过一笔画；
寒里日光淡了，渐斜……
就是那样地
像待客人说话
我在静沉中默啜着茶。

属于秋天的最后一枚叶子飘零之后，冬天就这样来了。以往的林徽因虽然喜欢雪花的轻灵，却害怕冬日彻骨的寒凉。可如今，她开始期待这个冬天能够漫长些，因为连她自己都没有把握，是否还可以等来另一个春天。她怕自己会在静坐时不经意地死去，怕没有一朵桃花为她淡淡送别。

她开始忘记自己的承诺，忘记了过往那一场又一场盛大的筵席。是啊，谁的一生没有许下承诺，可是谁又能够说自己承诺过的就必定可以做到。路到尽头的时候，又怎么还会去在意当年的选择是对是错。一程山水，一个路人，一段故事，离去之时，谁也不必给谁交代。既是注定要分开，那么天涯的你我，各自安好，是否晴天，已不重要。

化生千百

在人间四月，姹紫嫣红的花开，每一朵都是她，是她在莞尔微笑，是她在多情歌唱。而我们愿做花丛中妖娆的蝶，带着两千多年前庄周的冷梦，赴一段花好月圆的盟约。

我们总喜欢把人生比作牌局，每个人都想把手上的那副牌打好，明知输赢是命定，可不到最后谁也不肯认输。其实这世上无非你我他，今日你的赢，就是他的输，明日他的赢，就是我的输。但每一次翻牌的时候，总忍不住问，输的那个人会不会是我？

可到底什么才算是输？只要生命不断，任何的输局都可以反败为胜。只有停止呼吸的那一刻，才真的是一个输者了，与这世间的一切诀别，什么也带不走。只是，做一个纯粹而干净的人，一无所有地离开，就真的是输了吗？时光也学会了沉默，那是因为它早已读懂了世人的悲喜，懂得再繁复的情节、再美丽的故事都会散场。

那些自以为聪明的人，早早给人生结局埋下一个完美的伏笔，却不知

道，世事无常，并不会按照你的意愿行走，结果往往与你设定的方向背道
而驰，在毫无防备的时候伤得你措手不及。那是因为人太渺小，而这个苍
茫的人间太寥廓、太深远。操纵命运的神灵既不可以成全我们的生，同样
也不能成全我们的死，而最终降落在身上的是幸运还是不幸，只看自己的
造化。

这是个无比漫长的冬天，仿佛要散尽所有的苍凉和冷漠，给人间带来
盎然的春意。我们可以无数次淡然地面对季节轮回，却总是难以心平气和
地谈论生老病死。要知道，山川草木若　是枯竭，尚会有重来之时，而人
之生命何其珍贵，一旦辞世，任你千呼万唤也不会回头。林徽因从来都深
晓这个道理，所以她珍视生命，在任何情境下都热爱人间四月天。

想必是上苍怜她幽雅情怀，所以许给她一段美丽的死亡。身患重病
的林徽因度过了寒冷的冬天，如愿以偿与春天牵手。她看到鸟儿从柳叶间
穿飞，云在窗外自在往来，看到一树一树的花开，感受到阳光的暖和绿的
希望。恍然间，她似乎明白，死亡是另一种新生，离别是以另外的方式重
逢。放下一切执念，走过浮生尘世，不是放逐，不是抛弃，而是找到了灵
魂的归宿。

每一天，这样行色匆匆，不是在寻找归宿吗？林徽因也许期待过，她
的归宿是回到那个她出生的杭州古城。一座朱门苔院，几树似雪梨花，还
有那蔓延过古墙的藤蔓。远处山水若隐若现，青天之下像一幅被洗净的水
墨画。多少年前就是这模样，多少年后依旧不改当初风雅。命运许给林徽
因另一个归宿，一个属于灵魂的真正归宿。

1955年4月1日，五十一岁的林徽因病逝于北京同仁医院。她的死让我更加相信因果之说，因为她死在至爱了一生的人间四月天。我相信，她死的时候一定不会疼痛，就在某个春风沉醉的夜晚，静静地停止呼吸。在她身边的除了梁思成以及她的孩子们，想来还有金岳霖吧。又或者谁也不在，独一弯残月伴她安眠。

　　每个人都希望自己的一生可以生如夏花一样绚烂，死若秋叶一样静美。林徽因做到了，她这一世应该算不长不短，相比长寿者来说，虽然有些许缺憾，但她一生华美，比起庸碌的凡人，当是无悔了。她活着的时候喜欢被人簇拥着，在热闹中度过每一天，死后则想独自与春天留下最后一个约会。她像青鸟一样倦而知返，在月色还没有散去的晨晓离去。

　　4月2日，《北京日报》发表讣告，林徽因治丧委员会由张奚若、周培源、钱端升、钱伟长、金岳霖等十三人组成。想来最伤心的莫过于金岳霖，这个男子从未将她真正拥有，却守护了她一生。如今林徽因离去，金岳霖只能依靠那微薄的回忆来支撑着过完余生，因为他的生命里除了林徽因再无别人。而梁思成不同，多年前他就知道林徽因不久于人世，更况他们虽然夫妻情深，林徽因却不是他生命的全部。所以多年后，梁思成可以另娶其学生林洙，而金岳霖却为了心中至爱终身不娶。

　　4月3日，金鱼胡同贤良寺举行追悼会，将林徽因遗体安放在八宝山革命公墓。金岳霖为林徽因送去了挽联："一身诗意千寻瀑，万古人间四月天。"贴切的挽联表达了林徽因诗意美丽的一生。他懂得这个女子，只是很遗憾，注定今生给不起她更多的好。他唯一能够为她做的，就是在她生前默默相伴，在她死后寂静相守。金岳霖就这样爱了一生，爱到让看客为之心动，为之泪流不止。

其实我们更想知道，林徽因死后她的魂魄是否可以和徐志摩相会。今生没有完成的宿约，在来世又是否可以前缘重续，好好地相爱一场，相守一生。或许，林徽因要的从来只是相爱，不求相守。但是我想，她的魂魄真的想去一次康桥，因为那里收存了她此生最美丽的光阴，雕刻了她一生最刻骨的印记。只是那康桥是否也行将老去，老去的时候又还会期待一场旧梦重来吗？

既选择华丽转身，就不该再去深情回眸。就像徐志摩离开康桥之时，说过那么一句："悄悄的我走了，正如我悄悄的来；我挥一挥衣袖，不带走一片云彩。"看似洒脱的他，又何尝不是将魂梦丢落在康桥，只是他不打算再回头去寻找，只想将这段青春美梦寄存在康桥的柔波里，在每一个风起的日子里，彼此还可以呼吸相闻。

2006年，一代才女林徽因纪念碑落户杭州花港观鱼公园。在这块新颖别致的纪念碑上，人物像和记述文字全部镂空。纪念碑由杭州市政府和清华大学建筑学院共同建造。林徽因的墓碑上写的，却是"建筑师林徽因之墓"。尽管林徽因这一生与诗文牵系着不解之缘，但她更大的造诣和荣耀则是在建筑行业。又或许，世人别有用意，然而这一切已经不重要了。我们只要知道，她与古城杭州终究还是结下了深刻的缘分。

生于杭州，死后还是做回西湖的那朵白莲，以娉婷清雅的姿态端然于西湖之上，林徽因这一生自是极美的。冰心提起林徽因，开口就说她很美丽，很有才气。与林徽因一起长大的表姐妹，几乎可以细致入微地描绘她当年的衣着打扮、举止言谈是如何令她们倾倒。在所有人心中，林徽因就是那朵洁净无尘的白莲，无论她历经多少风霜，都丝毫不影响她天然端雅的美丽。只是莲落还会有莲开之时，这位绝代红颜，一旦老去，再想得见芳容，又该去哪里寻找？

还是那句话，化生千百亿，用千百种姿态与我们相遇。在人间四月，姹紫嫣红的花开，每一朵都是她，是她在莞尔微笑，是她在多情歌唱。而我们愿做花丛中妖娆的蝶，带着两千多年前庄周的冷梦，赴一段花好月圆的盟约。我总以为自己是那个漠然看客，看一场与己无关的戏，可到最后，陷落最深的却是自己，流泪最多的还是自己。

你是人间四月天，是四月早天里的云烟，是梦期待中白莲，是爱，是暖……这样的诗句仿佛来自天籁，纯净而轻灵。写下这首诗歌的女子，叫林徽因。她一袭素色白衣，徜徉在春天长巷，看尽人间芳菲，看尽时光老去。在这般无言的结局里，又需要拿什么来为她浅淡送离？

几程山水，千般故事，皆化作梦幻泡影。林徽因和我们一样来人间匆匆走过一遭，了却尘缘，又将奔赴另一道烟水之岸。就此别过吧，化作微尘也好，散作落红也罢，今生再不复与见。这样也好，挥手诀别，笑看春风，不忘留下一句话：你若安好，便是晴天。

白落梅

2011 年春于太湖

可人生有太多的无奈，
不是所有的真心都会有人珍惜，
不是所有的爱都可以得到祝福，
不是所有的故事都会有个圆满的结局。

每一段缘分，每一个故事，都意义非凡，耐人寻味。而人生聚散原本寻常，缘来缘去皆已注定，有时候，离别是为了更好的相逢。

·附录一·

林徽因生命中的
三个男人

不信人间有白头·梁思成

近来，许是因了光阴流转太急，总会心生惶恐。明明相安无事的日子，却好似经历了离合悲欢，不得平静。可身处红尘，又不觉纷扰，心存烦忧，又不觉悲凉。

对过往的人事，不敢追忆，因有缺憾，怕生悔意。如此轻易走进别人的人生，参与别人的故事，感受别人的生死，实非我愿。可世事有了前因，便有了后来的果报。那场民国的烟雨，民国的春风，吹过我淡淡的人生，之后生出如此多的交集。

原以为只是一阵风，吹过就过了。可这场风，行经我最美的年华，伴我红尘冷暖，聚散交替。而后，有了我当下不惊不扰的生活，远离世味尘嚣，每日喝茶养花，平淡修行。看似有许多改变，实则一如既往，还是从前那般，多情善感，又淡然无争。

诺言很美，却抵不过平淡的生活。有那么一个人，他不平凡，又不够浪漫，他不诗意，却让人觉得踏实深稳。他便是梁启超的长公子，民国世界里一个稳重真诚的男子。他一生保护中国古代建筑和文化遗产，为著名建筑史学家、现代建筑学家。

倘若不是因为林徽因，他的一生或许崇高伟大，却没有那么美丽的情事。又或许，他宁愿有一段平凡的相遇，娶一个平凡的妻，与之平凡终老。如此，他也许失去一些华美的片段，却也可以省略一些无谓的纷扰。

能娶到美艳如花的林徽因，梁思成算是三生有幸。当时的林徽因，才华惊世，貌可倾城，她的雅逸风姿，脱俗气韵，无人能及。她灵气秀丽，却不是小家碧玉，她的学识与品格绝非寻常女子可比。

甚至有人说，若非梁思成为梁启超长子，又和林徽因自小青梅竹马，这朵清雅绝世的白莲不会钟情于他。林徽因本是灵性诗意的女子，奈何内心深处又向往安稳平静。在她情窦初开时，邂逅了倜傥风流的徐志摩，又被康桥的风景所迷惑，一度沉于情海，迷失方向。

徐志摩为她写情诗，与她漫步在康桥的金柳下，泛舟柔波上，海誓山盟，不尽缠绵。那样美好的画面，世间任意女子都会为之动容。徐志摩为了她，不惜断离结发之妻，只为给她一个完美的答案。可她却在情深意浓之时，骤然转身，将他独自抛弃在康桥，寻寻觅觅。

并非她不懂情，不知他心意，她尽管年轻，却始终清醒明澈。她亦惧怕世俗的流言碎语，薄弱的身姿害怕承担风雨。唯有割爱断情，远离是非，按照生活平淡的轨迹去安然行走。这个女子看似坚定，实则柔软，她害怕伤害，经不起大的破碎。

此一生，她亦为情所累，却不为情所缚。她知道，有时候失去比拥有更幸运，放下比得到更珍贵。有些人注定只是隔着山水人海，相望相安。她的理性冷静，让徐志摩为之追慕了一生，也让金岳霖为之守护一生。

徐志摩是她灵魂的伴侣，终其一生，愿陪她写诗赏景。纵算他后来邂逅了妖娆风情的陆小曼，与她红尘欢爱，亦终不忘林徽因。而金岳霖对之更是情根深种，为了她，愿舍弃一切脂粉，为她终身不娶，誓死相随。

这个女子，不妖不媚，一世亭亭，清白无尘，值得他们如此真心相待。梁思成自知林徽因的才情，更知她的风华绝代于民国世界无人可比。因了她的光彩照人，因了围绕她身畔那许多的追慕者，她选择了他，他自觉幸运，有受宠若惊之感，亦生惶恐之心。

梁思成深知自己不及徐志摩潇洒风流，而这朵美丽的白莲似乎与徐志摩的浪漫多情更相配，更值得让人祝福。可林徽因却偏生割舍那段康桥之恋，选择和梁思成携手世俗，共赴荣辱。她是个聪明冷静的女子，她不允许自己的人生有丝毫的偏失，她是桀骜的，却不够任性，她百态千姿，却愿入凡尘烟火。

梁思成和林徽因婚后，曾问林徽因："有一句话，我只问这一次，以后都不会再问，为什么是我？"林徽因只淡淡一笑："答案很长，我得用一生去回答你，准备好听我了吗？"多么聪慧清醒的女子，在她的生命中，仿佛没有伤害，无论是对徐志摩还是梁思成，又或是金岳霖，她都平和相待，纵是伤害，亦是温柔的。所以，他们甘愿为她一生迷恋、痴绝，无怨无悔。

她承诺的，做到了，她的确没有半途离场，用一生最美的光阴来回答梁思成的问题。尽管这个男子陪她看透风景，却不能为之吟咏山水。尽管这个男子与她同修同行，却时常不解她内心万般情思。她愿意与他这样安稳平淡地活着，尽管也有无法弥补的缺憾，可她觉得人世踏实、深稳。

他们共同热爱建筑事业，并肩走过荒野古道。林徽因灵性天然，见识过人，她用诗人的美感和想象力来寻找设计灵感。梁思成则绘画设计图纸，他要求设计图纸尺寸准确，文字与图分布均匀，干净简洁，一目了然。彼此间可谓珠联璧合，没有诗情与浪漫，却甘愿背负使命，奉献一生。

冰雪聪明的林徽因和严谨认真的梁思成在一起探讨学术观点，亦时常有争执。关肇邺在《忆梁先生对我的教诲》中回忆："在先生那朴素而高雅的书房里，经常可以听到梁林对学术上不同观点的争论。……有时争得面红耳赤，但都有很充足精深的论据。我在旁静听，极受教益。也常有某一雕饰在敦煌某窟或云岗某窟、某一诗句出于何人之作等的争论而评比记忆力，等到查出正确结论，都一笑而罢。这些都使我感到多么像李清照和赵明诚家庭生活中的文化情趣。"

赌书消得泼茶香，当时只道是寻常。那是个高雅美丽的女子，一袭素净白衣，案几瓶花不绝，画意翩然。这样一个高贵的女神，为他平凡生养，为他红袖添香，与他甘苦相共，数十年风雨，毫无怨尤。

奈何红颜薄命，多病柔弱之姿，离尘而去。从此，世间再无林徽因，与她相关的一切美好，皆留在人间四月天。"万籁无声，孤灯独照。"

有这么一个女子，不在乎年轮差距，不惧世俗闲语，选择陪伴梁思成，给他温暖和慰藉。她叫林洙，出身卑微，没有林徽因倾城的貌，更无她旷世的才，林洙有的只是平凡真挚的爱，死生相依的情。她不想做建筑界第一夫人，更知无法取代林徽因的地位，她只想做他平凡贤惠的妻，卑微地陪伴，抚慰他余生寥落。

林洙曾这样赞美林徽因："她是我一生中见过的最美丽、最有气质的女人。风华绝代，才华过人。"她此生注定默默无闻，只能在林徽因华丽的背后，隐透些许光影。纵是与她患难相共的梁思成，亦无法为她承担更多的风雨，给她明媚与荣耀。

并非梁思成负心薄幸，他不过是一个平凡的男子，需要一个温柔平凡的妻。林洙给了他林徽因所不能给的爱，她全心全意地依赖他，仰慕他，照料他。梁思成曾对林洙说过，林徽因是个很特别的人，她才华过人，所以做她的丈夫很不容易。

他虽不是凡夫，可与那样一个清雅绝俗的女子相处，的确不易。他怕自己的爱配不得她的典雅纯美，她优雅端丽的气质，让他觉得她的人始终缥缈在云端。而林洙虽与他相差二十七岁，却对他恭敬顺从，更像与他执手白头的妻。

"我多么多么想念你，无比需要你。"这是林洙对梁思成说的话，简单无华，于他却字字千金。也许世间最深稳的爱，不是那些华美的诗章，而是发自肺腑的真诚话语。又或许，她给他的，恰好是他此生未曾得到、拥有过的。所以，在林徽因离世之后，梁思成没有选择寂寞相守，而是与一个他认为合适的人相伴相依。

若教眼底无离恨，不信人间有白头。若非经历了人世间的生死离恨，又如何相信还会有地老天荒的爱情。所谓白头，又是什么，多少人许下执子之手，与子偕老的诺言，到最后，都付与了无情的流光。

总有那么一个人要提前离场，而那个伴你白头的人又会是谁。不深情便不会薄情，林徽因离开了梁思成，梁思成又离舍了林洙，他们之间都有过真心，只是无法做到白首不相离。

　　我曾说，世间最美的，不是相遇，而是重逢。也许，从何时牵手，有过怎样刻骨的爱恋，那些都不重要，重要的是走到人生的最后，谁还陪在你身边。其实，海誓山盟，浓情蜜语，皆抵不过平淡的相守。

　　要怎样深刻的缘分，该修行多少年，才能和某个人死生相依，相约白头。也许一生，也许三世，也许千年。

世间最美的，不是相遇，而是重逢。

也许，从何时牵手，有过怎样刻骨的爱恋，那些都不重要，重要的是走到人生的最后，谁还陪在你身边。

我本将心托明月·徐志摩

　　"我将于茫茫人海中访我唯一灵魂之伴侣；得之，我幸；不得，我命，如此而已。"初次读这句话，只觉惊心，有似曾相识之感。看似对宿命的屈服，实则又蕴含太多的不舍和无奈。世间万般，因缘而合，因缘而散，等不到，求不得。

　　每个人的心中，都有越不过的沧海，淌不过的河流，圆不了的梦，舍不下的人，断不了的情。徐志摩在康桥水畔，寻觅守候，他终究得不到林徽因。张爱玲用尽青春年华去爱一个人，她最后还是失去了胡兰成。

千万个人，千万次擦肩，只有一次遇见，让人回眸，刻骨不忘。每个人来到人世，各有信仰，各有使命。有人痴心于烟花巷，有人执迷在名利场，也有人只是为了看看山，看看水，看看打梅桥柳溪走过的众生。

有人说，徐志摩是民国世界里的风流情种，他来世间，只为了爱和诗，为了美丽和自由。他出身富贵门庭，为海宁硖石商会会长徐申如的独子，自小过着锦衣玉食的生活，又生得聪颖机灵，明朗俊俏，有神童之相，还被大师批过宿命："此子系麒麟再生，将来必成大器。"

显赫鼎盛的门庭，不可一世的才华，神清俊逸的气度，富贵名利于他当真是触手可及。他原该驰骋于商海官场，春风得意，可他偏生于文坛诗界叱咤风云。他背负诗歌和浪漫，纵身情海波涛，痴恋人间风月，只慕厮守相欢。

于我心中，他只是一个民国的人物，多情亦悲情，繁华亦落魄。他看罢民国的山水风光，爱过民国的女子，如此而已。他人生短暂，不过匆匆三十五载，可他的故事，却繁复曲折，波澜不息。

他其实只是一个文人、诗者，他一生只想为爱而活，为心中爱慕的女子，为那些可以细诉衷肠的美丽诗行。他要的，其实并不多，是真和美，是爱的自由，是灵魂的归依。这些原本是一个寻常平凡的人便可以拥有的，于他却要经历千灾万难。

　　他也曾有高过云天的抱负，心怀苍生的悲悯，为了梦想，毅然漂洋过海，置身于墨雨书山。天涯道路，风雨相携，他皆是无惧，只愿以微薄之力承担一片山河。但为了灵魂的知己，他可以轻易放弃辛苦耕耘的学位，只为人世一段美丽的相遇。

　　徐志摩为了寻找罗素，去往英国伦敦，竟不知，在这座雨雾之都，美丽的康桥，邂逅了一位令他魂牵梦萦的女子。沧海桑田的等候，金风玉露的相逢，满足了他多年来对爱的想象，亦弥补了他内心的缺憾。

　　那是一个秀丽亭亭、静若白莲的女子，她温婉柔情，亦高贵典雅。她打江南雨巷走来，娉婷轻灵，跋山涉水，只为了与他在伦敦的烟雨中执手，与他发生一段浪漫唯美的爱情。那时的林徽因，正值妙年锦时，一如人间四月天的绿，因了这个诗情温柔的男子，情窦初开。

　　于他眼中，她是人间高贵的女神，她的出现是为了让他走出烟火凡尘，在爱河里沉醉不醒。她自是清丽脱俗，风华绝代，有着倾倒众生的容颜，他亦是儒雅俊逸，风度翩翩。才子佳人，本是良缘，他们的相遇却是一段美丽的错误。

　　那时的徐志摩，二十三岁，早已成婚，并有一个两岁的孩子。林徽因，年仅十六岁，但知晓父亲准备将她许配给梁启超的长公子梁思成。她虽年小，却是个知性有涵养的女子，她早慧亦清醒，懂得投身一场无果的爱恋需要付出怎样的代价。

她极力压制内心的欢喜，不敢义无反顾去爱，更不敢轻易为成全爱情而忽略现实的种种。行走在美丽的康桥，她亦是怅然失所，她虽坚强，却更薄弱，她没有足够勇气去担当更多的风雨。

徐志摩为了给林徽因一个完美的答案，决意离弃结发妻子张幼仪。他顾不得张幼仪身在异国他乡的陌生与孤独，也顾不得她怀有身孕的凄凉处境，更顾不得几年的夫妻情分，为了心中所爱，为了灵魂归依，他必须了断前缘。爱有多少慈悲，就会有多少残忍，他对林徽因情深义重，对张幼仪负心绝情，亦只是遵从内心所愿，迫不得已。

爱，没有相欠，也没有辜负，他亦只是遇见了自己逃不过的劫数。林徽因不想为难自己，不忍伤害别人，唯有退却，悄然转身。当徐志摩如愿以偿离却张幼仪，匆匆奔往康桥，以为从此可以携手佳人，地老天荒，竟不知，他梦中的女神已然不辞而别。她是冷静的，她明白，人生需要舍弃，方能无波无痛。

原以为是他的归人，转瞬成了过客，像做了一场梦，悄悄途经了她的一片光阴，未曾得到便已离散。她平静地接受现实，在属于她的世界里依旧风华绝代。梁思成也许不够诗情潇洒，却也是谦谦君子，至少她是他的唯一，与他相处，不必担忧伤害，亦无破碎。她虽不凡，却想做一个俗世女子，享受安稳的幸福。

多年后，林徽因曾说过："恐怕我待他仍不能改的。事实上太不可能。也许那就是我不够爱他的缘故。"她又说："徐志摩当时爱的并不是真正的我，而是他用诗人的浪漫情绪想象出来的林徽因，可我其实并不是他心目中的那样一个人……"

无论是否真的爱过，爱得多深，皆葬于时间沧海里，散淡成烟。尽管那时的徐志摩独自在康桥心碎断肠，尽管林徽因亦为他辗转不安，最后也只是人生中的一段插曲。她有了她的生活，和梁思成相濡以沫，共赴山河万里，享受安然的幸福。

徐志摩亦算是幸运，在失意之时，遇见了民国另一位才貌双全的女子——陆小曼。陆小曼的风情妖娆，民国女子无人能及，纵是林徽因，亦抵不过她的妩媚妖艳。那是一个有妖术的女子，不施粉黛，不着华服，不修雕饰，就美得惊心动魄。

民国女子美丽万千，没有一种美可与陆小曼相比。她时而若空谷幽兰，清雅出尘，时而像摇曳海棠，媚入骨髓。她是舞会的皇后，风致翩然，光彩照人；她也是病弱西施，四季光景总离不开药炉，柔软病体，更是百态千姿。

这样一个女子敢爱敢恨，也招摇任性。她不似林徽因，于爱面前，清醒隐忍，转身背离。她本有夫之妇，为了心中所爱，甘愿赴汤蹈火，在所不辞。为了徐志摩，她忍受世间无情的谩骂和责备，她抛弃丈夫王赓，打掉腹中的孩子，并为此承受永远不能做母亲的代价。

徐志摩也是费尽万般周折，才抱得美人归。他们婚后在老家硖石过了一段郎情妾意、温柔缱绻的静谧时光。后来因为一场战争，他们逃难去了上海，体弱多病的陆小曼旧疾再犯，自此变得慵懒放纵。这个出身名门、自小养尊处优的富家小姐，享尽荣华的军官太太，骨子里原本就经不起上海这十里洋场的诸多诱惑。

徐志摩为了宠爱娇妻，购置洋房，并将屋舍装扮得豪华典雅。陆小曼从此在她的国里，打牌跳舞、喝酒唱戏、作画会客。她奢侈铺张，挥霍无度，雇司机，请用人，包剧院，捧戏子。她买东西从来不问是否需要，凡看上的皆买回家。她贪吃懒散，对外界的事漠不关心，总沉醉于自己的欢场，不亦乐乎。

为了她，徐志摩在几所大学任教，闲暇之余，还要通宵达旦地写作，只为挣取更多的银钱供她挥霍。她依旧我行我素，每日像个妖精一般唱戏跳舞，全然不顾他的辛苦奔忙。陆小曼一身病体，始终不得好转，最后徐志摩为她请来了翁瑞午，为她按摩推拿。

为缓解陆小曼的病痛，翁瑞午教她吸食鸦片，从此，陆小曼再也离不开阿芙蓉，亦离不开翁瑞午。无论白天黑夜，她皆卧于烟榻上，吞云吐雾，飘然似仙。为了这笔庞大的开支，徐志摩辞去上海的教职，去往北京任北京大学的教授。

天南地北，徐志摩每日忍受相思的煎熬，陆小曼却始终不肯舍弃上海的一切，伴他暮暮朝朝。他节衣缩食，乘坐免费的邮政航班，只为省俭更多的银钱供陆小曼挥霍。他的千恩万宠让她忘乎所以，每日沉迷于烟雾，早已失去过往的美好与灵性。

之后的生活，彼此间生了矛盾，多了争闹，亦有了隔阂。困惑潦倒的徐志摩，对心中那朵清雅的白莲始终不能忘情。甚至有人说，徐志摩去往北京，是因为那儿住了一个林徽因。在北京的日子，徐志摩时常去林徽因家中做客，谈诗歌，论人生，有时甚至小住几日。

林徽因去香山养病，徐志摩更是于山中陪伴，陪她煮茗夜话，为她端茶试药，温柔体贴。因为不曾拥有，所以更觉可贵，比起林徽因的清淡明净，陆小曼的任意妄为让他心神俱伤。只有徐志摩可以给林徽因这样的诗情，也只有林徽因可以让徐志摩一次又一次灵魂震撼。

真爱无悔，徐志摩从不后悔当年为了林徽因背弃张幼仪。就连张幼仪都说过，徐志摩从不曾对林徽因忘情。而自恃才高、骄傲风华的陆小曼始终对林徽因存有芥蒂，她允许徐志摩和许多女子往来，却惧怕他和林徽因有太多的交集。她们之间，无须相比，也无可相比，世人眼中，林徽因是清白无尘的，而陆小曼则更多的是放纵和堕落。

徐志摩愿将内心的一切告知林徽因，她的温柔冷静是一剂良药，可以抚平他的哀伤和遗憾。只是任凭他对她有多少钦慕，有多少依恋，亦只能远远相望，他们之间早已隔了时空沧海。

每个人都有回不去的曾经，林徽因就是徐志摩此生回不去的曾经。我本将心托明月，谁知明月照沟渠。她有她的情债，有她的宿约，有她应尽的义务和责任，她必须循着属于自己的人生轨迹前行，不能有丝毫的错乱与偏失，她伤不起。

那一年，徐志摩登上一架亡命的飞机，只为了去听林徽因的一场讲座。到底是林徽因的等待，让他甘愿葬身山谷，幻化流云，还是他用死亡的方式，来惊醒醉于烟榻之上的陆小曼？又或者，这场灾难仅仅是他宿命里逃不过的劫？

陆小曼曾说："志摩之死，死于林、死于情者也。"倘若真是为爱而死，于徐志摩来说，自当无悔。他生前羡慕这样的死法，也期待这样的死法。他一生短暂，得到过，也失去过，伤害过别人，也被人辜负过。

他是那缥缈的云，来去无痕，聚散无依。她是那天心的月，明净清澈，可望而不可即。他一生才高，一生情深，抵不过浩荡天意，最终葬于瘦水残山。她一世倾城，一世清白，也只是被封存在人间四月天，有过那么一次花好月圆，便足矣。

每个人都有回不去的曾经。

美人如花隔云端 · 金岳霖

今日芒种，却无丝毫夏日之感，多雨的江南，亦将进入漫长的梅雨之时。《红楼梦》中曾有笔墨描述了芒种之日送花神的习俗。"尚古风俗：凡交芒种节的这日，都要设摆各色礼物，祭饯花神，言芒种一过，便是夏日了，众花皆卸，花神退位，须要饯行。"

《红楼梦》里的众多金钗佳丽，皆为花神。又或者世间女子万千，皆是花神之化身。唐人李白《长相思》有句：美人如花隔云端。自古美人多谦谦君子追慕，有缘者携手相牵，红尘欢爱一场，不负似锦佳年。无缘者，纵算近在咫尺，亦只可遥遥相望，如隔云端。

茅屋赏雨，竹林闻琴，烟水云气，生出清远旷达之感。流年寂寂，需丝竹琴音来滋养心性，岁月薄凉，需山水草木来装点情怀。"托杯玄胜，远咏庄老"，魏晋名士风流洒逸，喜清谈，放达不羁，率性而为，情真自然，清雅深致。

有那么一个人，生于民国，却有着魏晋风度，名士雅量。有人说他如同嵇康，崇尚"越名教而任自然"之人生观。他是民国的金岳霖，被誉为中国哲学界第一人，一个泰斗级的人物。

然而这样一个响亮的人物，于我却是陌生的，又或者说太过遥远，无法碰触。他一生浪漫天然，率性幽默，年少时受西方教育影响，仪表风姿皆有绅士风度。他喜结交朋友，为人乐观宽厚，不拘俗礼。于生活，他随性散漫，安之若泰；于情感，他理性冷静，痴心不已。

林徽因，这样一个女子，穿行于民国的街巷，有惊世的才，倾城的貌。民国女子百态千姿，唯有她，始终端坐如莲，灵巧流转，顾盼生情。这个女子冰雪聪明，浪漫多情，却又一生从容自若。她是一颗璀璨的明珠，所到之处，皆熠熠生华。

这个女子被无数男子爱慕着，她的情感生活却无多坎坷。她是幸福的，她的幸福，皆因了其明净理智的心性，仿佛任何时候，她都可以做到清澈无尘，做到清淡醒透。她明明有一颗善感的心，又总能收放自如，无有违和之感。爱与不爱，离合取舍，都需要勇气。她便是那个坚定的女子，在纷芜的世间，不慌不忙地行走，步步生莲。

她少女时期，随父亲林长民游历欧洲，在烟雨伦敦，美丽的康桥邂逅了风流倜傥的徐志摩。诗意浪漫的徐志摩开启了她的心门，让她曾一度落入情海，在康桥迷失方向。可她懂得转身，不让自己沉溺于一段无果的爱恋中，不可自拔。

她选择和青梅竹马的梁思成携手相牵，共赴建筑事业，她耐得住人生的清冷和寂寞，踏遍河山万里。她出身名门，养尊处优，光彩夺人，为了事业，不惜行走在人烟稀少的穷乡僻壤、荒寺古庙。战争期间，困居李庄，疾病缠身，亦不忧不惧，始终明澈如水。

她此一生，无论行至何处，去往哪里，总有那么一个人如影随形，不离不舍。倘若说徐志摩是她的灵魂伴侣，梁思成为她的人生伴侣，而金岳霖则超越了这一切，他用最高的理智驾驭了自己的感情，因她终生未娶，痴爱一世。

徐志摩给了林徽因诗一般的美丽，给了她懵懂的爱恋，梁思成给了她真实的相依，风雨相共的温暖。金岳霖却让她心生钦佩与敬爱，让她此一生，觉得因他的存在，而不怕无枝可依，更不惧此身无处安放。

金岳霖是一个懂感情的人，他对林徽因的痴恋无人不知。他和梁思成一直保持君子之交，对林徽因的感情亦毫不避讳，但始终隔着距离。他们一直毗邻而居，只要有林徽因所在之处，便可见金岳霖的身影，他默默地相守，默默地呵护，不问对错，不求结果。

在金岳霖的心底，林徽因便是那美人，虽近得可以呼吸相闻，却一生一世隔在云端。他恋慕她的倾世容颜，欣赏她的谈吐才华，更怜惜她的人世艰辛，为她甘愿舍弃红尘万千，不图朝朝暮暮，但求此生与她一墙之隔，简单相陪。

林徽因对金岳霖的情感亦胜过了寻常男女的情谊。每遇繁难之事，皆同金岳霖倾诉，就连她与梁思成之间闹矛盾，亦有理性冷静的金岳霖相劝。林徽因自问是一个对情感坦荡清醒之人，却也因金岳霖的冷暖相伴生了依恋爱慕之心。

林徽因曾对从外地考察回来的梁思成说，她苦恼极了，因为她同时爱上了两个人，不知怎么办才好。梁思成听罢一夜不眠，次日他告知自己的爱妻："你是自由的，如果你选择了老金，我祝愿你们永远幸福。"

梁思成没有徐志摩的浪漫诗情，没有金岳霖的深邃风逸，却亦是谦和君子，豁达明朗之人。当林徽因将梁思成的话语转达给金岳霖时，金岳霖心生感动，答道："看来思成是真正爱你的，我不能去伤害一个真正爱你的人，我应该退出。"

自此，金岳霖对林徽因更是关爱备至，与他们终身为友，邻院而居。他此一生虽孤身一人，无儿无女，却自得其乐，晚年跟林徽因的儿子梁从诫住在一起，梁从诫夫妇称他"金爸"，对之敬重仰慕。

有人说，金岳霖并非一生只钟情于林徽因，其终身未娶，亦只是遵从命数的安排。早年，金岳霖曾与一美国女士同居过，他的外国女友中文名为秦丽莲，她倡导不结婚，故此与金岳霖只有过一段露水情缘。

无论金岳霖是否与别的女子同居过，又与谁结下过短暂的缘分，他对林徽因的感情，不会因任何人、任何事更改。他将对林徽因的那段刻骨爱恋深藏于心，为之默默付出，风雨相共。他爱得深沉，爱得坦荡，爱得理性，也爱得清白。

他让这份爱维系了一生，坚定不移。直至林徽因病逝，金岳霖始终陪在其身边，为她泪流不止。也只有他，能为她写下那么别致的挽联："一身诗意千寻瀑，万古人间四月天。"这个女子从此定格在最美的人间四月天，有着曼妙多姿的情怀，有着不会老去的容颜。

徐志摩爱林徽因，为她丢魂失魄，当她转身离去，他又有了风姿绰约的陆小曼。梁思成爱林徽因，与她一世夫妻，恩爱情长，在林徽因死后，他另娶他人为妻，伴他流年孤寂。唯独金岳霖静守誓约，为了她，独自活到鸡皮鹤发，不忘初心。

　　林徽因死后，有一年，金岳霖在北京饭店请宴。旧日的故交收到邀请函，不禁纳闷，老金为何请客？到场之后，金先生才宣布，今天是林徽因的生日。此番情深，令无数人感动涕零。

　　他对林徽因的这段情，不敢忘，不能忘，无法忘。在他白发苍苍之时，曾拿着林徽因的照片，久久凝望，哽咽难言。多少前尘过往，皆已消散，相片中的人，亦随日影飞逝，杳无踪迹。可他心中的林徽因，始终清雅如莲，在人间四月天，端然清丽，不生不死。

　　金岳霖的一生是孤独的，他却让这份孤独不生悲凉。美人如花隔云端，他穷尽一生，未能求到，却无怨无悔。他看似苦苦深藏的爱，实则那么轻松洒然。他无须对任何人遮掩，更无须对任何人交代，他只听从自己的内心，爱着他心底的林徽因。

　　他来这世间，不过是为了爱一个静若莲花的女子，不过是为了还清一份债约，不过是为了留下一段感动。看似漫长繁复的一生，让人无法深刻去解读，又或许，我们可以为之省略所有的过程和段落。只要记得，他和林徽因的这桩情缘，记得他此生用尽一切爱过一个他得不到的女子。

世事叵测，缘分渺茫。多希望，一茶一饭一颗心，一生一世一双人。却总是难遂人愿，又或许，无论是否拥有，终有一天，亦会离散。那时，不知该拿怎样的心、怎样的情来收拾残局。

相爱总是相负，相聚终会相离。他是幸运的，经过一个女子的妙年锦时，伴她红颜老去。若有来生，或许他还会选择今生这样的情，默默守护，她做那个清颜绝代的林徽因，他做痴情不改的金岳霖，依旧这样遥遥相望，美人如花，隔云端。

人只有将寂寞坐断，才可以重拾喧闹；
把悲伤过尽，才可以重见欢颜；
把苦涩尝遍，就会自然回甘。

·附录二·

林徽因诗歌选

深夜里听到乐声

这一定又是你的手指，
轻弹着，
在这深夜，稠密的悲思。

我不禁颊边泛上了红，
静听着，
这深夜里弦子的生动。

一声听从我心底穿过，
忒凄凉
我懂得，但我怎能应和？

生命早描定她的式样，
太薄弱
是人们的美丽的想象。

除非在梦里有这么一天，
你和我
同来攀动那根希望的弦。

原载1931年9月《新月诗选》

莲 灯

如果我的心是一朵莲花，
正中擎出一枝点亮的蜡，
荧荧虽则单是那一剪光，
我也要它骄傲的捧出辉煌。
不怕它只是我个人的莲灯，
照不见前后崎岖的人生——
浮沉它依附着人海的浪涛
明暗自成了它内心的秘奥。
单是那光一闪花一朵——
像一叶轻舸驶出了江河——
婉转它飘随命运的波涌
等候那阵阵风向远处推送。
算做一次过客在宇宙里，
认识这玲珑的生从容的死，
这飘忽的途程也就是个——
也就是个美丽美丽的梦。

二十一年七月半，香山。

原载1933年3月《新月》四卷六期

那一晚

那一晚我的船推出了河心，
澄蓝的天上托着密密的星。
那一晚你的手牵着我的手，
迷惘的星夜封锁起重愁。
那一晚你和我分定了方向，
两人各认取个生活的模样。
到如今我的船仍然在海面飘，
细弱的桅杆常在风涛里摇。
到如今太阳只在我背后徘徊，
层层的阴影留守在我周围。
到如今我还记着那一晚的天，
星光、眼泪、白茫茫的江边！
到如今我还想念你岸上的耕种：
红花儿黄花儿朵朵的生动。

那一天我希望要走到了顶层，
蜜一般酿出那记忆的滋润。
那一天我要跨上带羽翼的箭，
望着你花园里射一个满弦。
那一天你要听到鸟般的歌唱，

那便是我静候着你的赞赏。

那一天你要看到零乱的花影，

那便是我私闯入当年的边境!

原载1931 年4 月《诗刊》第二期　署名：尺棰

情　愿

我情愿化成一片落叶，
让风吹雨打到处飘零；
或流云一朵，在澄蓝天，
和大地再没有些牵连。

但抱紧那伤心的标志，
去触遇没着落的怅惘；
在黄昏，夜半，蹑着脚走，
全是空虚，再莫有温柔；

忘掉曾有这世界；有你；
哀悼谁又曾有过爱恋；
落花似的落尽，忘了去
这些个泪点里的情绪。

到那天一切都不存留，
比一闪光，一息风更少
痕迹，你也要忘掉了我
曾经在这世界里活过。

原载1931年9月《新月诗选》

笑

笑的是她的眼睛，口唇，

和唇边浑圆的漩涡。

艳丽如同露珠，

朵朵的笑向

贝齿的闪光里躲。

那是笑——神的笑，美的笑：

水的映影，风的轻歌。

笑的是她惺松的鬈发，

散乱的挨着她耳朵。

轻软如同花影，

痒痒的甜蜜

涌进了你的心窝。

那是笑——诗的笑，画的笑，

云的留痕，浪的柔波。

原载1931年9月《新月诗选》

仍　然

你舒伸得像一湖水向着晴空里
白云，又像是一流冷涧，澄清
许我循着林岸穷究你的泉源：
我却仍然怀抱着百般的疑心
对你的每一个映影！

你展开像个千瓣的花朵！
鲜妍是你的每一瓣，更有芳沁，
那温存袭人的花气，伴着晚凉：
我说花儿，这正是春的捉弄人，
来偷取人们的痴情！

你又学叶叶的书篇随风吹展，
揭示你的每一个深思；每一角心境，
你的眼睛望着我，不断的在说话：
我却仍然没有回答，一片的沉静
永远守住我的魂灵。

原载1931年9月《新月诗选》

"谁爱这不息的变幻"

谁爱这不息的变幻，她的行径？
催一阵急雨，抹一天云霞，月亮，
星光，日影，在在都是她的花样，
更不容峰峦与江海偷一刻安定。
骄傲的，她奉着那荒唐的使命：
看花放蕊树凋零，娇娃做了娘；
叫河流凝成冰雪，天地变了相；
都市喧哗，再寂成广漠的夜静！
虽说千万年在她掌握中操纵，
她不曾遗忘一丝毫发的卑微。
难怪她笑永恒是人们造的谎，
来抚慰恋爱的消失，死亡的痛。
但谁又能参透这幻化的轮回，
谁又大胆的爱过这伟大的变换？

香山，四月十二日。

原载1931年4月《诗刊》第二期

秋天，这秋天

这是秋天，秋天，

风还该是温软；

太阳仍笑着那微笑，

闪着金银，夸耀

他实在无多了的

最奢侈的早晚！

这里那里，在这秋天，

斑彩错置到各处

山野，和枝叶中间，

像醉了的蝴蝶，或是

珊瑚珠翠，华贵的失散，

缤纷降落到地面上。

这时候心得像歌曲，

由山泉的水光里闪动，

浮出珠沫，溅开

山石的喉嗓唱。

这时候满腔的热情

全是你的，秋天懂得，

秋天懂得那狂放，——

秋天爱的是那不经意

不经意的零乱！

但是秋天，这秋天，

他撑着梦一般的喜筵，

不为的是你的欢欣：

他撒开手，一掬璎珞，

一把落花似的幻变，

还为的是那不定的

悲哀，归根儿蒂结住

在这人生的中心！

一阵萧萧的风，起自

昨夜西窗的外沿，

摇着梧桐树哭。——

起始你怀疑着：

荷叶还没有残败；

小划子停在水流中间；

夏夜的细语，夹着虫鸣，

还信得过仍然偎着

耳朵旁温甜；

但是梧桐叶带来桂花香，

已打到灯盏的光前。

一切都两样了，他闪一闪说，

只要一夜的风，一夜的幻变。

冷雾迷住我的两眼，

在这样的深秋里，

你又同谁争？现实的背面

是不是现实，荒诞的，

果属不可信的虚妄？

疑问抵不住简单的残酷，

再别要悯惜流血的哀惶，

趁一次里，要认清

造物更是摧毁的工匠。

信仰只一细炷香，

那点子亮再经不起西风

沙沙的隔着梧桐树吹！

如果你忘不掉，忘不掉

那同听过的鸟啼；

同看过的花好，信仰

该在过往的中间安睡。……

秋天的骄傲是果实，

不是萌芽，——生命不容你

不献出你积累的馨芳；

交出受过光热的每一层颜色；

点点沥尽你最难堪的酸怆。

这时候，

切不用哭泣；或是呼唤；

更用不着闭上眼祈祷；

（向着将来的将来空等盼）；

只要低低的，在静里，低下去

已困倦的头来承受，——承受

这叶落了的秋天，

听风扯紧了弦索自歌挽：

这秋，这夜，这惨的变换！

二十二年十一月中旬

原载1933年11月18日《大公报·文艺副刊》

激 昂

我要借这一时的豪放
和从容，灵魂清醒的
在喝一泉甘甜的鲜露，
来挥动思想的利剑，
舞它那一瞥最敏锐的
锋芒，像皑皑塞野的雪
在月的寒光下闪映，
喷吐冷激的辉艳；——斩，
斩断这时间的缠绵，
和猥琐网布的纠纷，
剖取一个无瑕的透明，
看一次你，纯美，
你的裸露的庄严。
…………

然后踩登
任一座高峰，攀牵着白云
和锦样的霞光，跨一条
长虹，瞰临着澎湃的海，
在一穹匀静的澄蓝里，
书写我的惊讶与欢欣，

献出我最热的一滴眼泪，

我的信仰，至诚，和爱的力量，

永远膜拜，

膜拜在你美的面前！

五月，香山。

原载1931年9月《北斗》创刊号

你是人间的四月天

——一句爱的赞颂

我说你是人间的四月天；
笑响点亮了四面风；轻灵
在春的光艳中交舞着变。

你是四月早天里的云烟，
黄昏吹着风的软，星子在
无意中闪，细雨点洒在花前。

那轻，那娉婷，你是，鲜妍
百花的冠冕你戴着，你是
天真，庄严，你是夜夜的月圆。

雪化后那片鹅黄，你像；新鲜
初放芽的绿，你是；柔嫩喜悦
水光浮动着你梦期待中白莲。

你是一树一树的花开，是燕
在梁间呢喃，——你是爱，是暖，

是希望，你是人间的四月天！

原载1934年5月《学文》一卷一期

深 笑

是谁笑得那样甜，那样深，
那样圆转？一串一串明珠
大小闪着光亮，迸出天真！
清泉底浮动，泛流到水面上，
灿烂，
分散！

是谁笑得好花儿开了一朵？
那样轻盈，不惊起谁。
细香无意中，随着风过，
拂在短墙，丝丝在斜阳前
挂着
留恋。

是谁笑成这百层塔高耸，
让不知名鸟雀来盘旋？是谁
笑成这万千个风铃的转动，
从每一层琉璃的檐边
摇上
云天？

原载1936年1月5日《大公报·文艺副刊》

记　忆

断续的曲子，最美或最温柔的
夜，带着一天的星。
记忆的梗上，谁不有
两三朵娉婷，披着情绪的花
无名的展开
野荷的香馥，
每一瓣静处的月明。

湖上风吹过，头发乱了，或是
水面皱起像鱼鳞的锦。
四面里的辽阔，如同梦
荡漾着中心彷徨的过往
不着痕迹，谁都
认识那图画，
沉在水底记忆的倒影！

二十五年二月

原载1936年3月22日《大公报·文艺副刊》

题剔空菩提叶

认得这透明体，

智慧的叶子掉在人间？

消沉，慈净——

那一天一闪冷焰，

一叶无声的坠地，

仅证明了智慧寂寞

孤零的终会死在风前！

昨天又昨天，美

还逃不出时间的威严；

相信这里睡眠着最美丽的

骸骨，一丝魂魄月边留念，——

…………

菩提树下清荫则是去年！

二十五年四月二十三日

原载1936年5月17日《大公报·文艺副刊》

黄昏过泰山

记得那天

心同一条长河，

让黄昏来临，

月一片挂在胸襟。

如同这青黛山，

今天，

心是孤傲的屏障一面；

葱郁，

不忘却晚霞，

苍莽，

却听脚下风起，

来了夜——

原载1936年7月19日《大公报·文艺副刊》

静　坐

冬有冬的来意，

寒冷像花，——

花有花香，冬有回忆一把。

一条枯枝影，青烟色的瘦细，

在午后的窗前拖过一笔画；

寒里日光淡了，渐斜……

就是那样地

像待客人说话

我在静沉中默啜着茶。

二十五年冬十一月

原载1937年1月31日《大公报·文艺副刊》

时　间

人间的季候永远不断在转变
春时你留下多处残红，翩然辞别，
本不想回来时同谁叹息秋天！

现在连秋云黄叶又已失落去
辽远里，剩下灰色的长空一片
透彻的寂寞，你忍听冷风独语？

原载1937年3月14日《大公报·文艺副刊》

展　缓

当所有的情感
都并入一股哀怨
如小河，大河，汇向着
无边的大海，——不论
怎么冲急，怎样盘旋，——
那河上劲风，大小石卵，
所做成的几处逆流
小小港湾，就如同
那生命中，无意的宁静
避开了主流；情绪的
平波越出了悲愁。

停吧，这奔驰的血液；
它们不必全然废弛的
都去造成眼泪。
不妨多几次辗转，溯回流水，
任凭眼前这一切撩乱，
这所有，去建筑逻辑。
把绝望的结论，稍稍
迟缓，拖延时间，——

拖延理智的判断，——

会再给纯情感一种希望！

原载1947年5月4日《大公报·文艺副刊》

八月的忧愁

黄水塘里游着白鸭，

高粱梗油青的刚高过头，

这跳动的心怎样安插，

田里一窄条路，八月里这忧愁？

天是昨夜雨洗过的，山岗

照着太阳又留一片影；

羊跟着放羊的转进村庄，

一大棵树荫下罩着井，又像是心！

从没有人说过八月什么话，

夏天过去了，也不到秋天。

但我望着田垄，土墙上的瓜，

仍不明白生活同梦怎样的连牵。

二十五年夏末

原载1936年9月30日《大公报·文艺副刊》

雨后天

我爱这雨后天，
这平原的青草一片！
我的心没底止的跟着风吹，
风吹：
吹远了草香，落叶，
吹远了一缕云，像烟——
像烟。

二十一年十月一日

原载1936年3月15日《大公报·文艺副刊》

山中一个夏夜

山中有一个夏夜，深得
像没有底一样，
黑影，松林密密的；
周围没有点光亮。
对山闪着只一盏灯——两盏
像夜的眼，夜的眼在看！

满山的风全蹑着脚
像是走路一样，
躲过了各处的枝叶
各处的草，不响。
单是流水，不断的在山谷上
石头的心，石头的口在唱。

虫鸣织成那一片静，寂寞
像垂下的帐幔；
仲夏山林在内中睡着，
幽香四下里浮散。
黑影枕着黑影，默默的无声，

夜的静，却有夜的耳在听！

一九三一年（据手稿）

原载1933年6月《新月》四卷七期

无　题

什么时候再能有
那一片静；
溶溶在春风中立着，
面对着山，面对着小河流？

什么时候还能那样
满掬着希望；
披拂新绿，耳语似的诗思，
登上城楼，更听那一声钟响？

什么时候，又什么时候，心
才真能懂得
这时间的距离；山河的年岁；
昨天的静，钟声
昨天的人
怎样又在今天里划下一道影！

二十五年春四月

原载1936年5月3日《大公报·文艺副刊》

对残枝

梅花你这些残了后的枝条，
是你无法诉说的哀愁！
今晚这一阵雨点落过以后，
我关上窗子又要同你分手。

但我幻想夜色安慰你伤心，
下弦月照白了你，最是同情，
我睡了，我的诗记下你的温柔，
你不妨安心放芽去做成绿荫。

原载1948年5月《文学杂志》第二卷第十二期

人　生

人生，
你是一支曲子，
我是歌唱的；

你是河流
我是条船，一片小白帆
我是个行旅者的时候，
你，田野，山林，峰峦。

无论怎样，
颠倒密切中牵连着
你和我，
我永从你中间经过；

我生存，
你是我生存的河道，
理由同力量。
你的存在
则是我胸前心跳里
五色的绚彩

但我们彼此交错

并未彼此留难。

…………

现在我死了，

你，——

我把你再交给他人负担！

原载1947年5月4日《大公报·文艺副刊》

你无须涉水而行，只踱步在轻烟长巷，就可以邂逅一份纯净的美好。

林徽因年谱

·1904年　出生

6月10日，生于浙江杭州陆官巷住宅，据《诗经·大雅·思齐》典，取名徽音。后为避免与男性作家林微音相混，改名徽因。

原籍福建闽侯，祖父林孝恂，祖母游氏，父亲林长民，母亲何雪媛。

·1909年　5岁

随祖父迁居至蔡官巷一座老宅院，由大姑母林泽民发蒙读书。

·1912年　8岁

林长民居北京，林徽因随家人移居上海，住在虹口区金益里。徽因和表姐妹们入附近爱国小学，读二年级。

·1916年　12岁

林长民在北洋政府任职，林家全家从上海迁至北京。徽因和表姐们同入英国教会办的培华女子中学读书。

·1917年　13岁

张勋复辟，全家迁居天津，唯徽因留京。

8月，举家由津返京。

·1918年　14岁

初次结识梁启超的长子梁思成。（另有林徽因与梁思成于1921年初识一说。——编者注）

·1920年　16岁

春，林长民赴英国讲学，林徽因随父去伦敦读书。

7月，林徽因随父先后访巴黎、日内瓦、罗马、法兰克福、柏林、布鲁塞尔等城市。

9月，回到伦敦，林徽因以优异成绩考入St. Mary's College（圣玛利学院）学习。该月，徐志摩由美到英。

在伦敦，林徽因与徐志摩初次相遇。

·1921年　17岁

10月，林长民出国考察的时间到期，携女回国。林徽因继续进培华女中学习。

·1922年　18岁

3月，徐志摩赴德国柏林，经金岳霖、吴经熊做证，与张幼仪离婚。

春，林徽因和梁思成的婚事"已有成言"，但未定聘。

9月，徐志摩乘船回国，10月抵达上海，不久北上来京。

·1923年　19岁

徐志摩、胡适等人在北京成立新月社，林长民、林徽因、梁思成均参加新月社活动。

5月7日，梁思成带弟弟梁思永骑摩托车去参加国耻纪念日示威游行，至南长安街口被汽车撞断左腿，住协和医院。林徽因到医院探望、照顾。出院后，梁思成落下终身残疾。

·1924年　20岁

4月23日，印度诗哲泰戈尔来华访问，林徽因和徐志摩担任翻译。

5月8日，为庆祝泰戈尔六十四岁寿辰，新月社成员用英语编排了泰戈尔剧作《齐德拉》。

6月，林徽因、梁思成前往美国留学，7月7日，抵达伊萨卡康奈尔大学。

9月，林、梁两人结束康校暑期课程，同往宾夕法尼亚大学就读，林徽因入美术学院，梁思成入建筑系。

该年，梁思成母亲李慧仙病故。

·1925年　21岁

东北将领郭松龄在滦州倒戈反奉。12月，林长民参加反张作霖战争被流弹击中身亡。

林徽因尚在美国求学。

·1927年　23岁

林徽因结束宾大学业，得学士学位，入耶鲁大学戏剧学院，在帕克教授工作室学习舞台美术设计六个月。

12月18日，梁思成在北京为梁思成、林徽因的婚事"行文定礼"。

·1928年　24岁

3月，林徽因和梁思成在加拿大渥太华结婚。婚后，赴欧洲参观古建筑，8月回京。

梁思成回国后即往东北大学接任建筑系主任。

·1929年　25岁

1月19日，梁启超病逝于北京，终年五十六岁，梁思成和林徽因为其设计墓碑。

8月，女儿出生，取名"再冰"。

是年，张学良以奖金形式征集东北大学校徽图案，林徽因设计的"白山黑水"图案中奖入选。

·1930年　26岁

林徽因肺病日趋严重，协和医院医生建议到山上静养。

·1931年　27岁

3月，林徽因到香山双清别墅养病。先后发表诗《仍然》《那一晚》《深夜里听到歌声》等。

9月，梁思成、林徽因应朱启钤聘请，到中国营造学社供职，梁思成任法式部主任，林徽因为"校理"。

秋，林徽因病愈下山。

11月19日，林徽因在协和小礼堂为外国使者举办中国建筑艺术的演讲会。同日，徐志摩乘机触济南党家庄开山身亡。

11月，由林徽因等主持，在北京为徐志摩举行追悼活动。

12月，发表散文《悼志摩》。

·1932年　28岁

夏，林徽因和梁思成去卧佛寺、八大处等地考察古建筑，并发表《平郊建筑杂录》。

8月，子从诚出生。

是年，结识美籍学人费正清、费慰梅夫妇。

·1933年　29岁

是年，林徽因参加朱光潜、梁岱宗举办的文化沙龙。

9月，同梁思成、刘敦桢、莫宗江去山西大同考察云冈石窟。

10月，发表散文《闲谈关于古代建筑的一点消息》。

11月，同梁思成、莫宗江去河北正定考察古建筑。

秋，写下著名长诗《秋天，这秋天》。

·1934年　30岁

1月，中国营造学社出版梁思成的《清式营造则例》一书，林徽因为该书写了绪论。

5月，发表诗《你是人间的四月天》。

夏，林徽因、梁思成同费正清夫妇去山西汾阳、洪洞等地考察古建筑。

10月，林、梁二人应浙江建设厅邀请，到杭州商讨六和塔重修计划。

·1936年　32岁

夏，林徽因、梁思成等去河南洛阳龙门石窟、开封及山东历城、章邱、泰安、济宁等处做古建筑考察。

是年，林徽因发表了十余首诗，还有几篇散文与小说。

·1937年　33岁

是年，林徽因和梁思成应顾祝同邀请，到西安做小雁塔的维修计划，同时还到西安、长安、临潼、户县、耀县（现为铜川市耀州区——编者注）等处做古建筑考察。之后，林徽因又同梁思成、莫宗江、纪玉堂赴五台山考察古建筑。

7月，卢沟桥事变，林徽因等一行人匆匆返回北京。

8月，林徽因一家从天津乘船去烟台，又转车到潍坊、青岛，再乘火车前往济南，经徐州、郑州、武汉南下，9月抵长沙。

11月，日机轰炸长沙，林徽因一家险些丧生。不久，他们离开长沙，辗转到了昆明。

·1939年　35岁

年初，因日机轰炸，林徽因一家搬至昆明市郊区龙泉镇龙头村。

冬，梁思成、刘敦桢等去云南、四川、陕西、西康等地做古建筑考察，林徽因为云南大学设计女生宿舍。

·1940年　36岁

初冬，营造学社随史语所入川，林徽因一家亦迁四川南溪县李庄。不久，林徽因肺病复发，抱病卧床。

·1941年　37岁

春，三弟恒在对日作战中身亡。

·1942年　38岁

是年，梁思成接受委托，开始编写《中国建筑史》。林徽因为写作《中国建筑史》抱病阅读"二十四史"做足资料准备，并写了该书的五代、宋、辽、金部分，又承担了全部书稿的校阅和补充工作。

11月，费正清到李庄重访林徽因、梁思成。

·1944年　40岁

是年，作诗《十一月的小村》《忧郁》等。

是年，费慰梅到李庄访问林徽因。

·1945年　41岁

8月，日本侵略者宣布无条件投降。

是年，林徽因到重庆检查身体，医生诊断，林徽因将不久于人世。

·1946年　42岁

春，林徽因乘机到昆明小住，与张奚若、钱端升、金岳霖等旧友重聚。

7月，林梁夫妇同西南联大教工由重庆乘机返回北京。回京后，林徽因为清华大学设计胜因院教师住宅。

10月，梁思成应美国耶鲁大学之聘为访问教授。

·1947年　43岁

夏，萧乾由上海来清华园探望林徽因，二人长谈七年来各自的经历。

12月，做肾切除手术。

·1948年　44岁

林徽因自1942年春至1947年冬所写的诗九首，刊于5月出版的《文学杂志》第二卷第十二期，题名《病中杂诗九首》。

12月，清华园解放。解放军正包围北京城期间，梁思成协助围城部队绘制了北京市内重点文物古迹地图。林徽因协助他完成了《全国文物古建筑目录》一书，后此书演变为《全国文物保护目录》。

·1949年　45岁

北京解放，林徽因被聘为清华大学建筑系一级教授。

是年，政协筹委会把国徽设计任务交给清华大学和中央美院。清华大学小组由林徽因、李宗津、莫宗江、朱畅中等人参与设计工作。林徽因连续工作几个月，直到方案最终确定。

·1950年　46岁

6月23日，林徽因被特邀参加全国政协第一届二次会议。会议上通过清华大学设计的国徽图案。

9月30日，中央人民政府主席毛泽东公布中华人民共和国国徽图案的命令。

是年，林徽因被任命为北京都市计划委员会委员兼工程师，提出修建"城墙公园"的设想。

·1952年　48岁

是年，亚太地区和平会议即将在北京召开，筹备组决定给每位代表送上礼物，并将其中一部分礼物的设计和准备工作交给林徽因负责。林徽因想借此机会抢救濒于消亡的景泰蓝传统工艺，遂抱病与莫宗江、常莎娜、钱美华等深入作坊做调查研究，并设计了一批具有民族风格的新颖图案。这批礼品深受与会人员欢迎。

是年，梁思成和刘开渠主持设计人民英雄纪念碑，林徽因被任命为人民英雄纪念碑兴建委员会委员。她与助手关肇邺一起，完成了须弥座的图案设计。

5月，林徽因、梁思成翻译的《苏联卫国战争被毁地区之重建》一书由上海龙门联合书局印行。

是年，林徽因应《新观察》杂志之约，在极短的时间里撰写了《中山堂》《北海公园》《天坛》《颐和园》《雍和宫》《故宫》等一组介绍我国古建筑的文章。

·1953年　49岁

9月，林徽因被邀参加全国文学艺术工作者第二次代表大会，全国美术家协会负责人江丰做了报告，对林徽因和清华小组挽救景泰蓝的成果给予了充分肯定和高度评价。

10月，林徽因被推选为中国建筑学会理事，并任《建筑学报》编委。

·1954年　50岁

是年，林徽因当选为北京市人民代表大会代表。

秋，林徽因不抵郊外风寒，因病情恶化住进同仁医院。

·1955年　51岁

4月1日，林徽因病逝于北京同仁医院。

4月2日，《北京日报》发布讣告，林徽因治丧委员会由张奚若、周培源、钱端升、钱伟长、金岳霖等十三人组成。

4月3日，金鱼胡同贤良寺举行追悼会，遗体安放在八宝山革命公墓。

图书在版编目（CIP）数据

你若安好便是晴天：林徽因传 / 白落梅著. —长沙：湖南
文艺出版社，2016.10
ISBN 978-7-5404-7807-0

Ⅰ.①你… Ⅱ.①白… Ⅲ.①传记文学—中国—当代 Ⅳ.①I25

中国版本图书馆CIP数据核字（2016）第236228号

上架建议：畅销书·文学

NI RUO ANHAO BIAN SHI QINGTIAN：LINHUIYIN ZHUAN

你若安好便是晴天：林徽因传

作　　者：白落梅
出 版 人：曾赛丰
责任编辑：薛　健　刘诗哲
监　　制：于向勇　马占国
策划编辑：刘　毅
文字编辑：肖　莹
营销编辑：田安琪　刘晓晨
封面插画：石家小鬼
版式设计：潘雪琴
封面设计：仙　境
内文插图：石家小鬼
出版发行：湖南文艺出版社
　　　　　（长沙市雨花区东二环一段508号　邮编：410014）
网　　址：www.hnwy.net
印　　刷：天津宇达印务有限公司
经　　销：新华书店
开　　本：875mm×1270mm　1/32
字　　数：209千字
印　　张：8.5
版　　次：2016年10月第1版
印　　次：2018年7月第5次印刷
书　　号：ISBN 978-7-5404-7807-0
定　　价：35.00元

若有质量问题，请致电质量监督电话：010—59096394
团购电话：010—59320018

一杯茶，一本书，像蝶一样活着，寂寞又清冷。

她开始明白，这一生，只有此刻才真正静了下来。